Kurt Roessler und Klaus Schäfer (Hrsg.)

Guillaume Apollinaire an Mittelrhein und Mosel 1901-1902

Ein Dichter zwischen Spätromantik und Moderne

Begleitheft zur Sonderausstellung
im Stadtmuseums Andernach
vom 13. April bis 1. September 2002
im Rahmen des Projektes „Rheinreise 2002"

Mit Beiträgen von
Michel Décaudin, Gerhard Dörr, Helmut von Fisenne,
Detlef Gojowy, Albert Pütz, Kurt Roessler

Andernach 2002

Impressum	Andernacher Beiträge 17
Herausgeber	Kurt Roessler, Klaus Schäfer (Stadtmuseum Andernach)
Redaktion	Andreas Vogel
Druck	Künster-Druck, Andernach-Miesenheim

Ausstellungsleitung	Klaus Schäfer
Konzeption	Kurt Roessler, Klaus Schäfer
Plakat	Kurt Roessler, Andreas Vogel
Aufbau/Technik	Jörg Berweiler, Renate Degenkolb, Mahmoud Samiie-Faharani, Anne Tölle, Roland Wöhlk

ISBN 3-9807996-0-3

Titelbild: Guillaume Apollinaire nach einer Photographie im Februar 1902
(Kurt Roessler nach einer Zeichnung von Pierre de Belay)

Inhaltsverzeichnis **Seite**

Portrait Guillaume Apollinaires von Pierre de Bellay (Eugène Savigny) 1905, nach der Photographie während des Kölner Karnevals 1902

(Bibliothèque Nationale de France, Paris)

Vorwort

Im Jahr der Rheinromantik präsentiert das Andernacher Stadtmuseum eine Sonderausstellung über den französischen Dichter Guillaume Apollinaire, der mit seinen rheinischen Gedichten an der Wende zwischen Spätromantik und Moderne steht. Der unmittelbare Bezug ergibt sich aus der Tatsache, daß sich Apollinaire vor 100 Jahren auch zeitweilig auf dem Krayer Hof bei Andernach-Eich aufgehalten hat, wie in diesem Heft nachzulesen ist.

Diese Ausstellung in Andernach ist Bestandteil eines größeren Ausstellungsprojektes, das den Titel „Rheinreise 2002" trägt und von acht Museen in Nordrhein-Westfalen und Rheinland-Pfalz gemeinsam durchgeführt wird. Das verbindende Band zwischen Köln und Bingen bilden der Rhein, Rheinländer, die Besucher der Stromlandschaft und die künstlerischen Äußerungen über diesen einmaligen Kulturraum in der Literatur, der Musik und der bildenden Kunst. Jedes dieser acht Museen behandelt in seiner Ausstellung diese Thematik aus einem anderen Blickwinkel – insgesamt erhalten die Besucher dadurch einen trefflichen Überblick. Da auch die Köln-Düsseldorfer mit einem eigenen Kombiticket zu den einzelnen Museumsorten mit im Boot sitzt, hat das ganze Projekt über Landesgrenzen hinweg wegweisende Bedeutung.

Dem gesamten Ausstellungsprojekt und hier natürlich ganz besonders der Andernacher Ausstellung wünsche ich viel Erfolg und zahlreiche interessierte Besucher. Lassen Sie sich von der Faszination, die von den Rheingedichten des französischen Poeten auch heute noch ausgeht, anstecken.

Mein Dank gilt abschließend denjenigen, die zum Gelingen der Ausstellung und zur Herausgabe dieses Heftes beigetragen haben. Ganz besonders möchte ich mich beim Kultursommer Rheinland-Pfalz e. V., der bewährten Andernacher Museumstruppe und bei Herrn Prof. Dr. Kurt Roessler bedanken, der mit großem Engagement das Vorhaben „Guillaume Apollinare an Mittelrhein und Mosel 1901/02" konzipiert hat.

Achim Hütten M.A.
Oberbürgermeister

Beteiligte Institutionen

Assocation Internationale des Amis de Guillaume Apollinaire, Stavelot
Kultursommer Rheinland-Pfalz e.V., Mainz
Maison de France, Mainz
Rheinischer Freundeskreis Guillaume Apollinaire, Bornheim
Stadtmuseum Andernach
Stadtwerke Andernach

Danksagung

Für die Unterstützung bei der Erstellung des Beiheftes, den Vorbereitungen der Ausstellung und des Rahmenprogramms sowie die Leihgaben sei folgenden Personen und Institutionen herzlichst gedankt.

Stiftung Hans Arp und Sophie Taeuber-Arp e.V., Bahnhof Rolandseck
P. Basilius Sandner O. S. B., Archiv der Abtei Maria Laach
Bibliothéque Nationale de France, Paris
Gilbert Boudar, Neffe und Erbe Apollinaires, Paris
Professeur Pierre Caizergues, Montpellier
Professeur Michel Décaudin, Président D.R.É.S.A.T., Paris
Dr. Jean-Paul Dispot, Maison de France, Mainz
Gerhard Dörr, Romanisches Seminar, Universität Mainz
Éditions Gallimard, Paris
Helmut von Fisenne, Andernach-Krayer Hof
Dr. Otto von Fisenne, Hamburg
Dr. Jean-Luis Huysmans, Secrétaire A.I.A.G.A., Stavelot
Musée Apollinaire, A.I.A.G.A., Stavelot
Xavier Pigeron, Besitzer des Appartement Apollinaire, Paris
Max Freiherr Raitz von Frentz, Burg Antweiler
Fred Schäfer-Schällhammer, Andernach-Kell
Friedrich-Karl Freiherr von Solemacher-Antweiler †, München
Architecte Joseph Tollet, Président A.I.A.G.A. Archennes
Willi Vermaaten, Dorfmuseum Leutesdorf
Jacqueline Waechter, Paris
Gisela Zervoulakos de la Forge, Köln

Geleitwort zur Ausstellung

Obwohl Andernach durchaus auch als ein Ort mit literarischem Hintergrund bezeichnet werden kann – erinnert sei hier nur unter anderen an Venantius Fortunatus, Victor Hugo, Honoré de Balzac, Fritz von Unruh oder Charles Bukowski – so wird mit der Sonderausstellung „Guillaume Apollinaire am Mittelrhein und Mosel 1901/02“ im Andernacher Stadtmuseum erstmals der Versuch unternommen, einen Dichter und Passagen seines literarischen Werkes darzustellen. Wie der Titel der Ausstellung verrät, geht es um den Aufenthalt des französischen Poeten im Rheinland vor 100 Jahren und seine nur binnen 12 Monaten entstandenen und konzipierten Arbeiten. Schwerpunkte der Ausstellung in Andernach bilden Werke, die Motive und Themen vom Mittelrhein und von der Mosel sowie deren Randgebieten aufgreifen und verarbeiten. Somit ergänzt und bereichert die kleine Andernacher Literaturausstellung die Apollinaire Ausstellungen, die in Königswinter, Köln und Bonn bereits gezeigt wurden oder noch werden, mit eigenen lokalen Bezügen.

Im Stadtmuseum Andernach beginnt die Ausstellung mit Erklärungstafeln zur Biographie Guillaume Apollinaires und seinen wichtigsten Werken. Umrahmt werden diese Informationen durch reproduzierte Karikaturen, die befreundete Maler – beispielsweise Picasso – von Apollinaire gezeichnet haben.

Kern der Ausstellung bilden aber die Gedichte – und das Angebot diese zu lesen. Lesen und dann auch noch Lyrik? Der eine oder andere Besucher mag dies als Zumutung empfinden, zumal keine multimedialen Alternativen als Fluchtwege zur Verfügung gestellt werden.

Aber die Gedichte – teilweise in Französisch oder Deutsch, teilweise nur in deutscher Übersetzung sind nicht nur aneinander gereiht, vielmehr sind sie geographisch–thematisch geordnet und mit kurzen Kommentaren versehen. Ansichten (Photos, Zeichnungen, Postkarten) der in den Gedichten angesprochenen Orte und Personen runden die Themenkreise Andernach/Leutesdorf, Namedy, Krayer Hof, Maria Laach, Koblenz, Loreley, Mosel und Schinderhannes ab. Nicht fehlen dürfen Angaben und Bezüge zu den Familien de Milhau/Hölterhoff und von Fisenne, die das persönliche Umfeld Apollinaires im Rheinland bildeten. Atmosphärisches und Informatives tragen sicher auch das Bett des Dichters sowie eine Auswahl seiner Werke bei. Bleibt zu hoffen, daß die überschaubare Ausstellung im Stadtmuseum und das vorliegende Begleitheft bei Besuchern und Lesern die Neugier und Lust auf die rheinische Lyrik aus der Feder des Franzosen Guillaume Apollinaire weckt – mehr ist nicht gewollt.

Klaus Schäfer

CARNET D'IDENTITÉ
AVEC PHOTOGRAPHIE

Paris le 20 aout 1901
M. Kostrowitzky; Guillaume
Profession Homme de lettres
Né à Rome (Italie) sujet russe
le 26 aout 1880
Demeurant rue de Naples, no 9

Meunier, Boucher
rue de Moscou No 32
Bastide charbonnier
rue de Berne No 37
L. Meunier
Bastide

VU POUR CERTIFICATION
DE LA SIGNATURE DE Mr Kostrowitzky
APPOSÉE ci-dessus
PARIS, LE 20 Aout 1901
LE COMMISSAIRE DE POLICE

Personalausweis Wilhelm de Kostrowitzkys im August 1901
(Bibliothèque Nationale de France, Paris; Album Apollinaire)

Kurze Biographie von Guillaume Apollinaire (Wilhelm de Kostrowitzky)

1880	am 26. August Geburt in Rom als unehelicher Sohn der polnischen Adligen Angelica (Olga) de Kostrowitzky; Vater vermutlich Francesco Graf Flugi d'Aspermont, Hauptmann der neapolitanischen Armee; bürgerlicher Name: Guillelmus-Albertus-Wladimir-Alexandre-Apollinaris de Kostrowitzky, Rufname: Wilhelm.
1887	Umzug der Familie nach Monaco; Wilhelm in Internat und Schule des Collège Saint-Charles
1896	im Collège Stanislas in Cannes
1897	im Lyceum von Nizza; Rückkehr nach Monaco
1899	Juli bis Anfang Oktober in Stavelot in Belgien; danach bezieht die Familie (Angelica, Wilhelm und sein Bruder Albert) eine Wohnung in Paris; erste gelegentliche Tätigkeiten als Schriftsteller und Journalist ohne feste Anstellung; die Kostrowitzkys bleiben immigrierte Ausländer mit provisorischer Aufenthaltsgenehmigung
1900	intensives privates Studium der Literatur und Poesie in der Bibliothèque Mazarine und der Bibliothèque nationale in Paris; im Oktober Bekanntschaft mit Linda Molina da Silva
1901	vergebliche Werbung um Linda; ab August im Rheinland als Hauslehrer in der Familie der Élinor Vicomtesse de Milhau, geb. Hölterhoff für deren Töchterchen Gabrielle; Werbung um Annie Playden, Gouvernante bei der Familie der Vicomtesse
1902	von Februar bis Mai große Reise durch Deutschland und Österreich; langer Aufenthalt in München; ausschließlicher Gebrauch seines schon gelegentlich vorher benutzten Schriftstellernamens *Guillaume Apollinaire*; erfolgloses Bemühen um Annie; Ende August Rückkehr nach Paris; Beginn des Berufs als Bankangestellter; rege Nebentätigkeit als Schriftsteller und Journalist
1903	Gründung der Literaturzeitschrift *Le Festin d'Ésope*; im November erste ergebnislose Reise nach London zu Annie Playden
1904	Chefredakteur eines Pariser Bankblattes; im Februar kurzer Besuch in Straßburg; im Mai zweite ergebnislose Reise nach London; Beginn der Freundschaft mit Pablo Picasso und Max Jacob
1905	erste Artikel über Picasso; wieder Bankangestellter; im August Reise nach Amsterdam; Zusammenarbeit mit mehreren Kulturzeitschriften
1907	Bekanntschaft mit Marie Laurencin, eingefädelt durch Picasso

1908 rege Tätigkeit als Schriftsteller und Kunstkritiker; Freundschaft mit dem Zöllner Rousseau

1909 im November erster Vortrag über die moderne Poesie in der Volkshochschule des Faubourg Saint-Antoine in Paris

1911 im April Beginn der Artikelserie *La Vie anecdotique* im *Mercure de France*; im September im Untersuchungsgefängnis *La Santé* wegen möglicher Beteiligung am Raub der Mona Lisa; Freilassung erst nach einer Woche; intensive Publikationstätigkeit als Kunstkritiker, besonders im Hinblick auf den Kubismus

1912 im Februar Gründung der Zeitschrift *Les Soirées de Paris* zusammen mit André Billy, René Dalize, André Salmon et al.; Veröffentlichungen über den Kubismus; erscheinen des Gedichtes *Vendémiaire* (Erntemonat) ohne Interpunktion in den *Soirées*; im August Bruch mit Marie Laurencin

1913 im Januar Bezug seiner letzten Wohnung am Boulevard Saint-Germain 202; am 18. Januar zusammen mit Robert Delauney Besuch der Galerie *Der Sturm* in Berlin (Herwarth Walden) zu Delauneys Ausstellung; am 21. Januar Treffen mit August Macke, Max Ernst und Robert Delauney in Bonn; im Juni zusammen mit Marinetti das Manifest *L'Antitradition futuriste*; im Juli Publikation erster Calligramme (*idéogrammes lyriques*) in den *Soirées*

1914 im August ergebnisloser Antrag auf Einberufung als Soldat (als Ausländer!); Bekanntschaft mit Louise de Coligny-Châtillon („Lou"); sein zweiter Antrag auf Einberufung vom November wird angenommen; Artilleriesoldat in Nîmes; intensive, fast tägliche Gedichtkorrespondenz mit Lou

1915 im Januar Bekanntschaft mit Madeleine Pagès; im April an der Kriegsfront in der Champagne; Ernennung zum Unteroffizier; „romantische" Kriegsgedichte an Madeleine; im August Feldwebel; im November Infanterie-Leutnant

1916 im März Erteilung des französischen Bürgerrechts; am 17. März schwere Verletzung durch einen Kopfschuß; Aufenthalt in den Hospitälern von Château-Thierry und Val-de-Grâce in Paris; im Mai Operation eines Abszesses im Gehirn im Hospital Villa Molière; Dekoration mit dem Croix de guerre; Wiederaufnahme der schriftstellerischen Tätigkeit während der Rekonvaleszenz; im November Trennung von Madeleine

1917 intensive literarische Tätigkeit; im Juni wird er als Offizier mit leichten Arbeiten der Kriegszensur beauftragt

1918 Rückfall und erneute Operation im Hospital Villa Molière; Publikation des futuristischen Theaterstücks *Les Mamelles de Tirésias;* am 2. Mai Heirat mit Jaqueline Kolb, bei der Picasso und Vollard Trauzeugen waren; Anfang November Infektion mit der Spanischen Grippe; Tod am 9. November; Begräbnis am 13. November auf dem Friedhof Père Lachaise in Paris

Wichtige Veröffentlichungen von Guillaume Apollinaire

Erscheinungs-jahr	Französischer Titel	Deutscher Titel	Art der Publikation
1904 / 1909	L'Enchanteur pourrissant	Der verwesende Zauberer	Lyrische Erzählung
1909	La Poésie symboliste	Die symbolistische Poesie	Literaturtheorie
1910	L'Hérésiarque et Cie	Erzketzer und Co.	Erzählungen
1911	Le Bestiaire ou cortège d'Orphée	Bestiarium oder Gefolge des Orpheus	Lyrik
1913	Alcools. Poèmes 1898 - 1913	Alkohol. Gedichte 1898 - 1913	Lyrik
1913	Méditations estétiques. Les Peintres cubistes	Ästhetische Meditationen. Die Maler des Kubismus	Kunsttheorie
1913	L'Antitradition futuriste	Die futuristische Gegentradition	Manifest
1916	Le Poète assassiné	Der ermordete Dichter	Erzählungen
1917 / 1946	L'Esprit nouveau et les poètes	Der Esprit nouveau und die Dichter	Literaturtheorie
1918	Calligrammes	Kalligramme	Lyrik
1918	Les Mamelles de Tirésias	Die Brüste des Tiresias	Theater
1919	Le Flâneur des deux rives	Der Spaziergänger an beiden Ufern	Zeitungsartikel
1920	La Femme assise	Die sitzende Frau	Erzählungen
1925	Il y a	Es gibt	Lyrik
1926	Anecdotiques	Anekdotisches	Zeitungsartikel
1946	Les Diables amoureux	Die verliebten Teufel	Erzählungen
1952	Le Guetteur mélancolique	Der melancholische Turmwächter	Lyrik

Krayer Hof, Hauptturm der Burg mit dem „Dichterzimmer“

(Zeichnung Kurt Roessler 1985)

Vorwort der Herausgeber

Dieser 17. Band der *Andernacher Beiträge* bringt Aufsätze und eine Textsammlung zu Leben und Werk des Dichters Guillaume Apollinaire im südlichen Rheinland. Er dient als Beiheft der Ausstellung *Guillaume Apollinaire an Mittelrhein und Mosel 1901-1902. Ein Dichter zwischen Spätromantik und Moderne* vom 13. April bis 1. September 2002 im Stadtmuseum Andernach.

Die örtliche Beschränkung dieser Studie hat den Vorteil, das literarische Material und seine vielfältige Benutzung in den Texten gut überschauen zu können. Man erhält einen Einblick in die literarische Werkstatt Apollinaires, obwohl das dem Dichter vielleicht gar nicht so lieb gewesen wäre. Der Nachteil ist, dass sich bei den Aufsätzen auf so engem Raum trotz aller Individualität der Autoren ihre Interpretationen überschneiden können. Dies macht sich vor allem bei der Behandlung der deutschen Sprachkenntnisse Apollinaires bemerkbar. Dennoch haben die Herausgeber auf jede Abstimmung der eingereichten Beiträge verzichtet. Es sei darauf hingewiesen, dass dieser Band nicht nur eigentlich literaturwissenschaftliche Beiträge umfasst, sondern u.a. auch einen literarischen Essay und eine Kritik an einem solchen.

Eine der beiden in französischer Sprache verfassten Beiträge von Michel Décaudin ist sowohl im Original wie in deutscher Übersetzung wiedergegeben. Alle Übersetzungen in diesem Band vom Herausgeber K.R.

Publikationen zu anderen Bereichen von Apollinaires Rheinland liegen vor:

Kurt Roessler: *Der rheinische Dichter Guillaume Apolllinaire 1901-1902. I. Unkel und Umgebung.* Bornheim: Roessler, 2000.

Sieben Berge schliefen wie Tiere Müde vom Wachen über Legenden. Der Dichter Guillaume Apollinaire am Rhein 1901-1902. Kurt Roessler, Elmar Scheuren (Hrsg.), Bornheim: Roessler, 2001; mit Aufsätzen von Louis Brunet, Michel Décaudin, Kurt Roessler, Elmar Scheuren, Karl Günter Werber, Peter Wirtz und Wilhelm Woltermann.

Kurt Roessler: *Guillaume Apollinaire im Rhein-Sieg-Kreis 1901-1902.* In: Jahrbuch des Rhein-Sieg-Kreises 2002, Siegburg: Rheinlandia Verlag, 2001, 112-120.

Köln im Werk von Guillaume Apollinaire. Kurt Roessler (Hrsg.), Bornheim: Roessler, 2002; mit Beiträgen von Claude Debon, Michel Décaudin, Helmut von Fisenne, Kurt Roessler, Wolfgang Schmitz, Reiner Speck und Wilhelm Woltermann.

Introduction

Michel Décaudin

Apollinaire quittant Cologne le 10 février 1902 pour un voyage à travers l'Allemagne jusqu'à Berlin, Leipzig, Munich et Stuttgart pour retrouver les bords du Rhin à la deuxième moitié du mai 1902 se conduit en bon touriste attentif et éclairé. Musées, curiosités locales, rien ne lui échappe, du foudre de Heidelberg à la place de l'Hôtel de Ville de Hildesheim en passant pas le Pergamon de Berlin. C'est ainsi que, sur le chemin du retour, alors qu'il est avec la famille Milhau à Wiesbaden, il va seul le 11 mai 1902 à Mayence et quelque jours plus tard à Coblence où *La Moselle et le Rhin se joignent en silence*.

Il se comporte d'une manière toute différente lorsqu'il parcourt le pays rhénan proche des lieux où il réside, Honnef ou Neu-Glück, près d'Oberpleis ou Krayer Hof près d'Andernach. Certes, il est toujours à la découverte de ce qu'il ne connaît pas et du Drachenfels à la Loreley il s'attache aux paysages réputés. Mais, comme à Munich, où il reste plusieurs semaines, il a le temps de flâner, il s'intéresse aux gens qu'il côtoie, il s'informe et met à profit les conseils qu'on lui donne. Grâce à Mme de Milhau, il est reçu dans l'aristocratie locale, fait la connaissance de von Fisenne, le cousin de la vicomtesse, et est présenté au baron Solemacher, chambellan de l'Empereur, au château de Namedy.

C'est de Krayer Hof qu'à la suggestion de ses hôtes il va, à pied, jusqu'à l'abbaye de Maria Laach, une visite qui l'a sans doute beaucoup frappé, car il l'a relatée trois fois, d'abord dans une lettre à sa mère et son frère, ensuite, en 1915, dans une lettre à Lou et dans une de ses chroniques de *La Vie anecdotique* au *Mercure de France*. En auto à la suite de Mme de Milhau, rarement en train, le plus souvent à pied, il a parcouru les deux rives du Rhin, s'attachant aux petites rues d'Andernach comme à l'île romantique de Nonnenwerth. La connaissance d'un pays passe toujours pour lui par sa littérature. La Loreley n'est pas seulement à ses yeux un site admirable, c'est aussi une légende qu'il a lue dans Simrock et deux poèmes de Brentano et de Heine, qu'il n'aura pas oubliés quand il composera le sien. Et il n'est pas nécessaire de dire qu'il ait été à Unkel le jour même de la fête des Cabanes pour écrire *La Synagogue*.

Peu importe d'ailleurs. On sait bien que, chez Apollinaire, vécu et imaginaire, loin de s'opposer, ne cessent de s'interpénétrer dans la création d'une réalité nouvelle. Et l'essentiel n'est-il pas que le poète nous rende véridique cette réalité.

Einführung

Michel Décaudin

Als Apollinaire am 10. Februar 1902 Köln für seine Reise durch Deutschland nach Berlin, Leipzig, München und Stuttgart verlässt und die Ufer des Rheins in der zweiten Hälfte des Mai 1902 wieder erreicht, führt er sich als guter Tourist auf, aufmerksam und belesen. Museen, lokale Sehenswürdigkeiten, nichts entgeht ihm, vom Heidelberger Fass bis zum Rathausplatz von Hildesheim und zum Pergamon in Berlin. So geht er auf der Rückreise, als er mit der Familie Milhau in Wiesbaden ist, am 11. Mai allein nach Mainz und einige Tage später nach Koblenz, wo *Mosel und Rhein zusammenfließen im Schweigen.*

Er verhält sich aber ganz anders, wenn er das Rheinland in der Nähe seiner Wohnorte durchstreift, Honnef, Neu-Glück bei Oberpleis und Krayer Hof bei Andernach. Sicher ist er immer auf der Suche nach Neuem und vom Drachenfels bis zur Loreley nimmt er sich berühmte Landschaftspunkte vor. Aber, wie in München, wo er einige Wochen bleibt, hat er Zeit zu flanieren; er interessiert sich für seine Bekanntschaften; er lässt sich beraten und wendet es an. Dank Frau de Milhau wird er vom örtlichen Adel empfangen, macht die Bekanntschaft des Cousins der Vicomtesse, Herrn von Fisenne, und wird auf Schloss Namedy Baron Solemacher vorgestellt, dem Kammerherrn des Kaisers.

Vom Krayer Hof geht er auf Empfehlung seiner Gastgeber zu Fuß zur Abtei Maria Laach, ein Besuch, der ihn ohne Zweifel sehr berührt haben muss, denn er kommt dreimal auf ihn zurück: in einem Brief an seine Mutter und seinen Bruder, dann 1915 in einem Brief an Lou und in einem seiner Tagesartikel in *La Vie anecdotique* im *Mercure de France*. In der Begleitung von Frau de Milhau im Auto, seltener im Zug, meist aber zu Fuß hat er sich auf beiden Ufer des Rheins bewegt, durch die schmalen Gassen von Andernach, wie über die romantische Insel Nonnenwerth. Das Kennenlernen eines Landes geschieht bei ihm immer über die Literatur. Die Loreley ist in seinen Augen nicht nur ein bewunderungswürdiger Ort, sie ist auch eine Legende, die er bei Simrock und in den Gedichten von Brentano und Heine gelesen hat und die er bei seiner Dichtung nicht vergisst. Ganz selbstverständlich ist er in Unkel zum Laubhüttenfest für sein Gedicht *Die Synagoge*.

Wenig anderes ist daneben wichtig. Man weiß, dass bei Apollinaire das Erlebte und das Erfundene nicht gegeneinander stehen, sondern sich gegenseitig durchdringen bei der Erschaffung einer neuen Realität. Besteht das Wesentliche nicht darin, dass uns der Dichter diese Realität wahrhaftig macht?

Guillaume Apollinaire während des Kölner Karnevals am 9./10. Februar 1902
(hier aus Christian Fettweiß: *Apollinaire en Ardenne*, 1934.)

Apollinaire an Mittelrhein und Mosel 1901-1902*

Kurt Roessler

Zwei Festjahre

In den Jahren 2001 und 2002 wird im Rheinland ein literarisches Jubiläum gefeiert, nicht wie sonst üblich ein Geburtstag oder Todestag eines Schriftstellers, sondern ein biographisches und vom Werk her bestimmtes Ereignis. Es geht um den Aufenthalt des französischen Dichters Guillaume Apollinaire (1880-1918) am Rhein und in Deutschland vor hundert Jahren von August 1901 bis August 1902[1]. Apollinaire war in den ersten zwei Dezennien des 20. Jahrhunderts eine der großen Schlüsselgestalten beim Aufbruch der europäischen Kultur in die Moderne, sowohl als Schriftsteller, vor allem als Lyriker, wie auch als Journalist und Kunsttheoretiker[2]. Er verbindet die Freundschaft zu den großen Malern in Paris, darunter Pablo Picasso und Robert Delaunay, mit der kritischen Distanz des Literaten und sucht die Kunst über ihren lyrischen Gehalt zu definieren.

Als Frucht der Erlebnisse des noch jungen und unbekannten Dichters im Rheinland entstanden mehr als hundert Gedichte, Erzählungen und Zeitungsartikel, die wegen ihrer hohen Qualität, aber auch ihrer schieren Menge, aus der rheinischen Literatur nicht mehr wegzudenken sind. Sie siedeln im Bereich des Übergangs von der Spätromantik zur Moderne, die von den rheinischen Ansätzen her Apollinaires späteres Werk geprägt hat.

Die Veranstaltungen konnten sich an der 1999 in Stavelot durchgeführten 100-Jahrfeier des dreimonatigen Aufenthalts des Dichters in der belgischen Kleinstadt im Jahre 1899 orientieren. Die Verantwortung für die Feiern im Rheinland lag ebenfalls bei der Association Internationale des Amis de Guillaume Apollinaire und ihrem für Deutschland zuständigen Vorstandsmitglied, sowie beim Rheinischen Freundeskreis Guillaume Apollinaire. Zahlreiche öffentliche Institutionen und Privatpersonen haben sich daran beteiligt. Zwei internationale Kolloquien, im August 2001 in Bad Honnef[3] und im September 2002 in Bonn, sowie vier Ausstellungen nebst zahlreichen Rahmenveranstaltungen haben bereits stattgefunden bzw. werden dieses Werkjubiläum im Jahr 2002 noch weiter gestalten.

Apollinaires Rheinland in drei Bereichen

Um Wiederholungen zu vermeiden und eine detaillierte Aufarbeitung des umfangreichen Werkes zu gewährleisten, wurde für die Ausstellungen eine geographische Aufteilung von Apollinaires Rheinland in drei Regionen vorgenommen. Als *zentrale Region* wurde die um die Hauptwohnorte Apollinaires in Bennerscheid bei Oberpleis und Honnef gelegene definiert, die er von dort aus zu Fuß erreichen konnte: Siebengebirge und Mittelrheintal nördlich von Remagen. Eine *Nordregion* umfasst die Städte Bonn, Düsseldorf und Köln, eine *Südregion* den Krayer Hof, Andernach und Umgebung, das Mittelrheintal zwischen Remagen und Bingen, Mosel, Ahr und Südeifel.

Die Ausstellung im Siebengebirgsmuseum Königswinter von Juni-September 2001 war der zentralen Region gewidmet[4,5]. Im Brauhaus Töller in Köln werden von Februar-Juni 2002 die Städte Köln und Düsseldorf der Nordregion behandelt[6]. Die Ausstellung im Stadtmuseum Andernach von April-September 2002 befasst sich mit der Südregion[7]. Im StadtMuseum Bonn werden von September-November 2002 die Bezüge der Nordregion ergänzt. Im Werk Apollinaires aus der zentralen und der Südregion stehen die Bezüge zur lyrischen Landschaft des Rheins und seiner Umgebung im Vordergrund, in der Nordregion geht es um die lyrische Stadtlandschaft.

Darüber hinaus spiegeln die verschiedenen Regionen auch Unterschiede in der Erlebnisstruktur Apollinaires wider. Im Süden wechseln Perioden relativer Ruhe bei den Aufenthalten in Krayer Hof und den Wanderungen in der Südosteifel und auf den Rheinhöhen, die denen der zentralen Zone um Honnef ähnlich sind. Es gibt aber am südlichen Mittelrhein und an der Mosel auch Perioden ständiger Bewegung, wie sie für das Erleben der Stadtlandschaften im Norden typisch sind. Wesentliche Eindrücke erhält Apollinaire in den Städten Koblenz und Trier. Nicht umsonst sind Kölner, Koblenzer und Trierer Bezüge in zwei seiner großen Gedichte eingegangen, *Zone* und *Vendémiaire* [Erntemonat].

Der Aufenthalt von Wilhelm de Kostrowitzky in Deutschland

Über den Aufenthalt von Guillaume Apollinaire am Rhein ist aus Anlass der Ausstellungen in Königswinter und in Köln bereits viel geschrieben worden, so dass hier nur eine kurze Zusammenfassung notwendig erscheint. Im Sommer 1901 war der 21jährige arbeitslose Gelegenheitsjournalist Wilhelm de Kostrowitzky, so Apollinaire mit bürgerlichem Namen, in Paris von Élinor Vicomtesse de Milhau aus der Kölner Großkaufleutefamilie Hölterhoff als

Hauslehrer ihrer neunjährigen Tochter Gabrielle angestellt worden. Als sie wegen eines Erbfalles nach Deutschland reisen musste, kaufte sie ein Auto und fuhr in Begleitung von Wilhelm als Wagenknecht und Reisebegleiter am 22. August 1901 von Paris über Luxemburg und Koblenz zur eigenen Villa Neu-Glück in Bennerscheid bei Oberpleis, wo beide Ende August eintrafen. Der Rest der Familie, ihre Mutter Maria Hölterhoff, die Tochter Gabrielle und die englische Gouvernante Annie Playden fuhren mit dem Zug nach Deutschland. Die Familie wohnte zunächst in der ländlichen und etwas abgelegenen Villa im nahen Westerwald. Um den 10. Oktober 1901 bezog sie dann die geerbte Villa Hölterhoff am Frankenweg in Honnef. Es gab Verhandlungen mit der Königin von Schweden, die den Sommer oft in Honnef zubrachte, um die Vermietung der Villa, aber bis auf eine kurze Zeit im Sommer 1902 scheint man doch regelmäßig in der bequemeren und dem mondänen Leben näheren Villa in Honnef gelebt zu haben. Das hinderte aber nicht, dass man gelegentlich wieder in Neu-Glück oder in der dritten Dependance, dem Gut Krayer Hof bei Andernach, wohnte. Apollinaire begleitete die Hölterhoffs bei ihrer großen Tour durch Deutschland und Österreich vom 11. Februar bis Mitte Mai 1902[8]. Nach der Rückkehr zum Rhein, begann im Sommer 1902 eine bewegte Zeit des Wanderns und gelegentlicher Ausflüge, so zur Industrie-, Gewerbe- und Kunstausstellung in Düsseldorf [6]. Ganz am Ende des Aufenthaltes stand noch eine Tour an der Ahr, der Mosel und in der Südeifel. Am 24. August 1902 erhielt Wilhelm de Kostrowitzky in Neu-Glück ein ehrendes Entlassungszeugnis von der Vicomtesse und verließ Deutschland via Köln mit dem Zug nach Paris.

Die Beweglichkeit

Die vielfachen Erlebnisse des deutschen Jahres und ihre Aufarbeitung in seinem literarischen Werk wären kaum möglich ohne die von allen Freunden dem Dichter bestätigte geistige Beweglichkeit, seine Neugierde, sein waches Interesse an seiner Umgebung, aber auch seine umfassende, in der Schule in Südfrankreich und später durch die intensive private Lektüre besonders in der Bibliothèque nationale und der Bibliothèque Mazarine in Paris erworbene und daher in Einzelheiten manchmal durchaus etwas oberflächliche Bildung. Wesentlich war dabei aber auch seine physische Mobilität. Apollinaire war Zeit seines Lebens ein begeisterter Wanderer, auch über das hinaus, was um die Jahrhundertwende mangels Verkehrsmitteln üblich war. Hinzu kamen die Eisenbahn auf beiden Seiten des Rheins und die Fähren, sowie gelegentliche Bootsfahrten. Eines der wichtigsten Mittel seiner Fortbewegung war auch der Wagen der Vicomtesse, ein kleiner De Dion Bouton, der maximal drei Personen Platz bot. Wie schon bei der einwöchigen Fahrt von Paris ins Rheinland dürfte Wilhelm de Kostrowitzky seine Arbeitgeberin auf vielen weiteren Touren begleitet haben, da er als Wagenknecht eingeübt war. Seine Notizbücher belegen die Verantwortung für Wasser, Benzin, Reiseproviant, Hilfestellung bei Pannen und Beschaffung von Ersatzteilen[9]. Im Gegenzug konnte er an den Erkundungen der ebenfalls neugierigen und bildungsbemühten Vicomtesse teilnehmen, eine ganz wichtige Komponente dieses Jahres bei der Entwicklung des zukünftigen Poeten.

Werbeplakat der Automarke De Dion Bouton um 1905, zum Thema „Die Vicomtesse und ihr Wagenknecht."

Der Krayer Hof

Der Anlaufspunkt der Südregion war ein Hofgut um die kleine Wasserburg Kray zwischen Andernach und dem Laacher See, deren Kern aus dem 11. Jahrhundert stammt und deren Besitz lange mit der Würde eines Reichsritters verbunden war. Von 1366 bis zur Säkularisation war es Besitz der Kölner Erzbischöfe[10]. Hierzu gehörten ausgedehnte Acker- und Waldflächen. Seit 1827 im Besitz der Kölner Großkaufleutefamilie Hölterhoff, wurde es von Pächtern betrieben. Bedingt durch die etwas abseitige Lage im Pönterbachtal und die etwas beengten Wohnverhältnisse im sogenannten *Herrenhaus*, werden die Besuche der Familie de Milhau-Hölterhoff und damit auch von Apollinaire nicht zu häufig gewesen sein. Am 29. August 1901 kommen die Vicomtesse und der Dichter mit dem Wagen von Koblenz durch Andernach, wobei sie auch kurz in Krayer Hof gewesen sein können. Am 6. und 19. Oktober 1901 belegen eine Postkarte aus Maria Laach und ein Brief von Kray den Besuch. Mitte November hat er an einer Jagdgesellschaft auf Krayer Hof teilgenommen. Mitte Mai 1902 dürfte man bei der Rückfahrt der großen Deutschlandreise hier Station gemacht haben. Das Gedicht *Mai* belegt für Wilhelm de Kostrowitzky eine Bootfahrt von Andernach/Leutesdorf nach Honnef. Weitere

Krayer Hof, Blick auf den ehemaligen Innenhof mit dem Haupthaus
(Zeichnung Kurt Roessler 1999)

Wanderungen im Sommer 1902 müssen den Krayer Hof als Ausgangs- oder Endpunkt gehabt haben. Für Mitte August 1902 belegt das Gedicht *Les Bacs* [Die Fähren] einen letzten Aufenthalt in Andernach und damit in Krayer Hof. Somit sind mindestens sieben bis acht Besuche nachweisbar.

Apollinaire erwähnt das *Rittergut* in Briefen und einem Zeitungsartikel aus dem Jahr 1915. Die früher oft als Beschreibung des alten Burghauses angesehenen Passagen zu Beginn des pornographischen Romans *Les Exploits d'un jeune don Juan* [Die Erkundungen eines jungen Don Juans] erwiesen sich 1999 als Übersetzung aus der primitiv-erotischen Schrift *Kinder-Geilheit. Geständnisse eines Knaben.* aus dem Berlin der 1890er Jahre[11]. Allerdings deuten die Hinzufügungen Apollinaires zumindest auf eine Bestätigung der Ähnlichkeit des aktuellen Baus des Krayer Hofs mit dem Schauplatz der Berliner Schrift, dem *Schloss*, hin. Außer der schieren Größe des Hofgutes (300 Hektar), der freundlichen Aufnahme und Weiterempfehlung durch die Besitzer sowie den drei ausgezeichneten Quellen – die heute den Tönissteiner Sprudel geben – berichtet Apollinaire keine Details über Krayer Hof. Allerdings scheint er sich hier wohlgefühlt zu haben, so dass dieser Platz als Anlaufspunkt und auch als Ruheort für die gesamte Südregion von Bedeutung im

Werk des Dichters ist[12]. Es sei betont, dass man für Andernach und Umgebung nur wenige Eintragungen in den zur Zeit bekannten Notizbüchern findet.

Der Mennonitenfriedhof zwischen Eich und Krayer Hof

In der Nähe des Krayer Hofes spielt das Gedicht *Annie*, das Apollinaire für wichtig genug hielt, es 1913 in seine Sammlung *Alcools* aufzunehmen. Es scheint in eine ferne Region zu entführen, nach Texas. Betrachtet man den vierzeiligen Aufbau der zweiten und dritten Strophe, das (freie) Metrum, sowie den Endreim, so kann man darauf schließen, dass auch die erste Strophe zunächst als Vierzeiler konzipiert und auf die angesprochene Rose und die Villa ausgerichtet war. Etwa im Sinne von: *Entre les collines il y a / Un grand jardin tout plein de roses...* [In den nahen Hügeln liegt / Ein großer Garten voll von Rosen...]. Welche Rolle spielen dabei aber Amerika und die Mennoniten?

Annie Postings, geb. Playden, 1946 in Santa Barbara, Kalifornien
(aus Robert Goffin: *Entrer en poésie*, 1948.)

Die Mennoniten sind eine fundamentalistische protestantische Sekte in großer Nähe zu den Wiedertäufern, die ab 1540 von Menno Simons (1492-1559) in Deutschland und in Holland gegründet wurde. Es bestanden Gemeinden in den Niederlanden, in Preußen, in Süddeutschland, in Russland und schließlich auch in den Vereinigten Staaten und Kanada. Heute bekennen sich etwa 350000 Christen als Mennoniten.

Im Jahre 1827 übernahmen Mennoniten aus ihrem rheinischen Zentrum Neuwied als Pächter den Pönterhof und den Krayer Hof. Letzteres dürfte mit dem Kauf des Hofgutes durch Katharina Hölterhoff, geb. Strohn, zusammenhängen, die wohl einen neuen Pächter für das Gut suchte und als im Bergischen

Mennonitenhof von 1871 in Jakobsthal (Familie Heinemann)
(Zeichnung Kurt Roessler 1999)

Mennonitenfriedhof zwischen Eich und Krayer Hof, heutiger Zustand
(F.-J. Heyen: *Andernach*, 1988.)

Land geborene, freikirchliche Reformierte sicher keine Berührungsängste mit den Mennoniten hatte. Im Jahr 1871 wurden die beiden Mennonitenhöfe in Jakobsthal gebaut, zwischen Krayer Hof und Pönterhof an Straße von Kell nach Eich. Die Solidarität der Familien Hauter, Heinemann, Jüngerich, Schanz und Schapper drückte sich in ihrem eigenen Friedhof auf dem Sattel zwischen Eich und dem Pönterbachtal aus. Obwohl im Jahre 1943 Fritz Heinemann als letzter Mennonit starb, pflegen die drei übrig gebliebenen Familien ihren *Mennonitenfriedhof*, auf dem sie auch exklusiv bestattet werden, obwohl sie inzwischen der Evangelischen Kirchengemeinde Andernach angehören[13].

Für den Katholiken Apollinaire waren die Riten der Sekte interessant. Das Gedicht *Annie* scheint in seiner ersten Fassung ein heiter-selbstironisches Bild dieser Besonderheiten zu geben. Beide Mennonitenhöfe waren übrigens damals laut Aussagen der heutigen Besitzer von Rosen umgeben. Wenn aber die von Apollinaire vergeblich umschwärmte Annie Playden angab, dass der Grund für die Zurückweisung in erster Linie ihre fundamentalistische, anglo-protestantische Erziehung war, dann konnte dieser nach dem Scheitern der Beziehung und der Flucht Annies vor ihm nach Amerika durchaus eine Parallele zur Welt der Mennoniten ziehen. Aber er wird nicht bitter. Die nun vorangestellte Adresse drückt seinen Schmerz aus, die Geliebte an einem unbekannten Ort unerreichbar weit weg zu wissen. Das sicher bei ihren Wanderungen gemeinsam erlebte Bild des Mennonitenhofs wird, trotz aller am Ende des Gedichtes belassenen Heiterkeit, ein eher schmerzliches, nur in der Erinnerung bestehendes und entfliehendes Band zur Geliebten.

Andernach und seine Fähre

Andernach war um 1900 ohne Malzsilo, Hochtrasse der B9 und Teilabriss eine noch viel schönere Stadt[14]. Dazu sagt Apollinaire ähnlich wie bei Krayer Hof kaum etwas. Im Brief vom 19. Oktober 1901 erwähnt er, dass er etwa eine Woche zuvor mit dem Zug in Andernach ankam und danach zum Krayer Hof weiterfuhr. Dabei schreibt er auch, dass er bei seiner Fahrt von Paris zum erstenmal in Andernach gewesen ist, also am 29. August 1901. In einem Itinerarium erwähnt er *vis-à-vis Andernach (cathédrale)* [gegenüber Andernach (Dom)] und im *Leutesdorf mai 1902* datierten Gedicht *Mai* können eventuell die *schönen Damen, die von der Höhe des Gebirges schauten*, von der Terrasse der Krahnenburg dem im Boot nach Norden fahrenden Dichter zuwinken. Eine Komponente des alten Andernach hat er aber ganz groß herausgestrichen, seine Fähre.

Rheinfähre zwischen Andernach und Leutesdorf, um 1900
(Stadtmuseum Andernach)

Das Gedicht *Les Bacs* spricht von den Fähren in der Mehrzahl. Apollinaire meint damit sicher auch die anderen Fähren am Rhein, vor allem die von Rolandseck nach Honnef, die er oft benutzt haben wird. Das Gedicht ist aber nun einmal *Andernach août 1902* datiert und lokalisiert. Es ist das letzte seiner im Rheinland geschriebenen Gedichte, zusammen mit *Mille regrets* [Es tut mir leid], das auch aus dem August 1902 stammt. Beiden Gedichten ist die Reflexion über die Trennung von Annie Playden eigen. Die ursprüngliche Fassung der letzten Strophe gibt Zeugnis von der Verzweiflung, die nur mühsam durch die in der endgültigen Fassung Jahre später ausgedrückte Hoffnung auf einen Neuanfang kaschiert wird. Dazwischen tauchen Annies goldene Ohrringe auf und die Erinnerung, wie sie nachts zusammen die Fähre benutzt haben. Aber was für eine Beschreibung der Fähre, des *Häuschens* auf ihr, der Fährleute und ihres Lebens auf dem Schiff, die Flaschen mit Wein zum Verkauf in Kommission, etc. Es ist eine glückliche Mischung von realistischer Beschreibung und lyrischer Verarbeitung. Nur Annie passt irgendwie nicht ganz dazu. Das ist wohl der Grund, dass dieses Gedicht bis zur der sehr postumen Veröffentlichung im Jahre 1952 im Schreibtisch verblieb.

Schloss Namedy und der Baron von Solemacher

Das Schloss war im Jahre 1211 Besitz der Andernacher Patrizierfamilie Hausmann von Namedy, die es bis ins 17. Jahrhundert halten konnten. Im 18. Jahrhundert wurde es von dem später geadelten, kurtierischen Kanzler Johann Arnold Solemacher erworben und in barocker Manier erweitert. Es kam dann in andere Hände und wurde 1896 von Johann Arnold Freiherr von Solemacher-Antweiler gekauft und bis 1901 ausgebaut[15]. Der Baron wurde 1859 in Grünkern im Rheinland geboren. Da seine Mutter, die Baronesse Blanche-Marie Roisin, aus dem Hainaut in Belgien kam, sprach der Baron fließend französisch, auch in der Familie wurde zu Tisch keine andere Sprache benutzt. Als Rittmeister der Kavallerie der kaiserlichen *Garde du Corps* in Berlin, der nobelsten Einheit des preußischen Heeres, lernte er dort den Kronprinzen und künftigen Kaiser Wilhelm II. kennen und schloss Freundschaft mit ihm. Zunächst Kammerherr des Kaisers, wurde er Major und zog sich als Gouverneur von Norderney 1896 aus dem Militärdienst zurück. Im Ersten Weltkrieg diente er als Ordonanzoffizier des deutschen Gouverneurs von Brüssel. Der Baron beschäftigte sich mit Garten- und der Obstkultur. Von seinen Vortragsreisen in Frankreich brachte er die *Popolus robusta* nach Deutschland. Die immerblühende Erdbeere hat nach ihm ihren Namen: *Solemacher-Erdbeere*. Als einziger Deutscher gehörte er der Association Énologique de France an, war Präsident des Rheinischen Obst- und Gartenbauvereins und Gründer der Gartenlehranstalt Bonn-Friesdorf.

Johann Arnold Freiherr von Solemacher-Antweiler, 1917
(Max Freiherr Raitz von Frentz, Burg Antweiler)

Solemacher organisierte viele Feste in Namedy und empfing mehrmals den Kaiser und andere Mitglieder des europäischen Hochadels zum Spiel um hohe Summen. 1907 musste er sein Schloss verkaufen, dem Gerücht nach wegen Spielschulden, und lebte seitdem in Bonn, wo er auch Präsident der Großen Karnevalsgesellschaft wurde. Hier starb er im Jahre 1942. Die heute in München lebende Familie berichtet von ihm, dass er ein typischer Rheinländer gewesen sei, immer fröhlich, schlagfertig und mit Humor, ein Mensch von Charakter, den man überall schätzte.

Die erneuerte Burg Namedy um 1900
(Stadtmuseum Andernach)

Wilhelm de Kostrowitzky wurde ihm schon zu Anfang seines Rheinaufenthaltes, vielleicht sogar schon am 29. August 1901 durch die Vicomtesse vorgestellt; immerhin war Apollinaire ja auch von Adel. Besonders dürfte ihm gefallen haben, dass er sich mit dem Baron fließend auf Französisch unterhalten konnte. So stammen die Geschichten, die er über das Schloss als hochadlige Spielhölle, die steingewordenen Gewinne und die Vortragsreisen des Barons in der Normandie wiedergibt, wohl aus dessen eigenem Mund. Merkwürdig ist, dass er sich 1917 bei der Niederschrift seines unvollendet gebliebenen Romans *La Femme blanche des Hohenzollern* [Die weiße Frau der Hohenzollern] so gut an die sechzehn Jahre zurückliegenden Ereignisse erinnern konnte.

Für die Details seiner ungewöhnlich positiven Beschreibung eines preußisch-rheinischen Adligen, Offiziers und Feindes dürfte er keine Aufzeichnungen besessen haben. Apollinaires Bericht ist mit der Vita des Barons und den Zeugnissen seiner Familie völlig stimmig. Das ist zunächst ein Beweis für Apollinaires vorzügliches Langzeit-Gedächtnis, aber auch für die unverhohlene Sympathie dem Baron gegenüber:

Ich erinnere mich sehr gut seiner charakteristischen Physiognomie eines Rheinländers, mit braunen Haaren, mit dem Gesicht wie ein Legionär aus der Zeit der Agrippina, mit dem scharfen Blick, den die Winzer haben. Er war älter geworden seit dem Tag im Jahre 1902, an dem man mich mitgenommen hatte, einen Tag im Schloss Namedy zu verbringen.

Apollinaires pointierter Blick macht aber auch vor der Schloss- und Wohnlandschaft der Jahrhundertwende nicht halt, wie im Brief vom 15. September 1901:

Es gibt auch restaurierte Schlösser hier. Ich habe das von Namedy auf eine Einladung hin besucht. Es ist von einem Kitsch, der an einem Basar erinnert.

Der Titel des Romans erinnert an die Legende der Gräfin von Orlamünde, deren Geist immer erschien, wenn dem Hause Hohenzollern Unheil drohte. Dass 1908 die Prinzen von Hohenzollern-Sigmaringen das Schloss erstanden und bis heute bewohnen, konnte Apollinaire bei der Wahl des Titels für seinen Roman nicht wissen.

Maria Laach und Abt Willibrord Benzler

Eine der interessantesten Bekanntschaften Apollinaires ist die von Willibrord Benzler. Dieser wurde 1853 in Niederhemer im Sauerland geboren und trat 1874 im Kloster Beuron in den Benediktinerorden ein. 1883 Prior des Klosters Seckau, übernahm er 1887 dieselbe Funktion in Beuron. 1892 wurde er als Gründungsprior nach Maria Laach entsandt und 1893 zum ersten Abt ernannt. Kaiser Wilhelm II. übernahm das Protektorat über das Kloster und besuchte es im Juni 1897 und im April 1901. Am 21. September 1901 wurde Benzler vom Papst zum Bischof von Metz berufen. Seine Vereidigung als Reichsbischof fand im Berliner Schloss in Gegenwart von Kaiser, Hof und Ministern statt, eine ungewöhnlich pompöse Zeremonie, die die allerhöchste Protektion des bewunderten Geistlichen belegte. Benzler nahm danach an einem Intensivkurs in französischer Sprache in einem Kloster in Leuven in Belgien teil. Am 26. Oktober verließ er Maria Laach und wurde am 29. Oktober 1901 in Metz zum

Willibrod Benzler als Abt von Maria Laach, 1893
(Archiv der Abtei Maria Laach)

Willibrord Benzler, Bischof von Metz

Willibrod Benzler als Bischof von Metz, ca. 1915
(Archiv der Abtei Maria Laach)

Bischof geweiht. 1904 fand bei einem Besuch des Kaisers im Metzer Bischofspalast eine öffentlich registrierte, heftige Auseinandersetzung statt, in der es um das Problem der französischen Sprache im Gottesdienst der zweisprachigen lothringischen Diözese ging. Willibrord Benzler stellte sich gegen die deutsche Verwaltung vor seine französischen Priester und erreichte damit große Popularität bei allen Gläubigen. 1919 dankte er ab, wurde zum Titularerzbischof ernannt und starb 1921 im Kloster Lichtenthal bei Baden. Sein französischer Nachfolger und die Bevölkerung feierten ihn mit einem großen Requiem im Dom zu Metz. Er wurde in Beuron begraben[16,17]

Apollinaires Angaben zu seinem Besuch in Maria Laach und seiner kurzen Unterredung mit Abt Benzler stimmen mit den obigen Daten nicht überein. Schon allein die Unstimmigkeit zwischen der Aussage im Brief vom 19. Oktober 1901 an seine Mutter, dass er den Prior nicht sprechen konnte, und der der Dokumente von 1915, dass es ihm doch gelang, hat viele Literaturhistoriker veranlasst, den ganzen Komplex als eine literarische Fiktion zu betrachten. Dem steht allerdings die genaue Beschreibung der Kirche und des Umfeldes entgegen. Ein Detail macht das Ganze aber glaubwürdig. Es ist die Einlassung des Abtes, dass er sich für die französische Literatur und vor allem die Poesie

Abteikirche Maria Laach von Nordwesten, um 1900
(Archiv der Abtei Maria Laach)

interessiere. Dieser stak im Oktober 1901 mitten in seinem Sprachkurs und dürfte nicht nur im Gebet verharrt sein, sondern im Büffeln der Vokabeln, ohne die ein solcher Kurs unsinnig gewesen wäre. Die von Apollinaire beschriebene Abreise war vielleicht eine nach Leuven zur Fortsetzung des Kurses oder auch zur Vereidigung nach Berlin. Dann würden Apollinaires Besuchsdaten, entweder am 6. Oktober 1901 oder vor dem 19. Oktober 1901 Sinn machen. Seine Angaben über Abt Benzler beruhten auf dem, was ihm der Pförtner erzählt, bzw. was er davon verstanden hat. Ein weiterer Beweis der Glaubwürdigkeit von Apollinaires Angaben ist die treffende Beschreibung des Abtes: *blond, blass und mager*, das Urbild eines Asketen.

Was Apollinaires Invektiven gegen den Bischof von Metz angeht, der im Krieg wahrscheinlich zu seinem eigenen Bedauern gezwungen war, die Verehrung der französischen Nationalheiligen Jeanne d'Arc zu untersagen, da sie von der französischen Kriegführung gegen den deutschen Feind benutzt wurde, so irrt sich der Dichter etwas in der Persönlichkeit des Willibrord Benzler. Dieser hatte bei der Auseinandersetzung mit dem Kaiser im Jahre 1904 mit seinem westfälischen Dickschädel seine Protektion zugunsten seiner französisch sprechenden Diözesanen aufs Spiel gesetzt. Das waren Informationen, die dem Dichter im Krieg nicht zur Verfügung stehen konnten. Nach

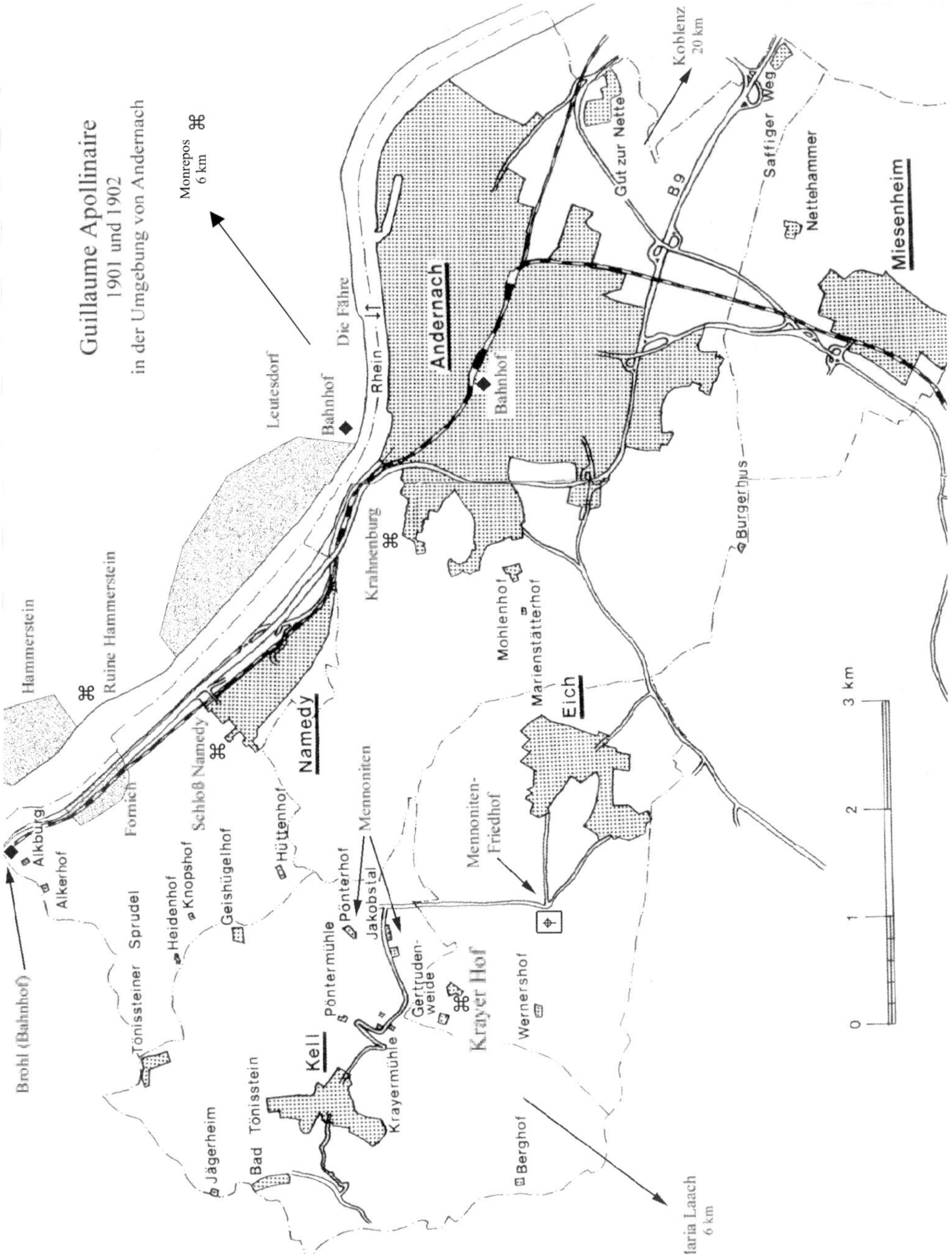
Guillaume Apollinaire
1901 und 1902
in der Umgebung von Andernach
Monrepos
6 km
Koblenz
20 km
Maria Laach
6 km
Brohl (Bahnhof)
Hammerstein
Ruine Hammerstein
Leutesdorf
Bahnhof
Die Fähre
Rhein
Andernach
Bahnhof
Krahnenburg
Namedy
Schloß Namedy
Fornich
Alkburg
Alkerhof
Tönissteiner Sprudel
Heidenhof
Knopshof
Geishügelhof
Hüttenhof
Mennoniten
Pönterhof
Pöntermühle
Jakobstal
Gertrudenweide
Krayer Hof
Krayermühle
Kell
Bad Tönisstein
Jägerheim
Berghof
Wernershof
Mennoniten-Friedhof
Eich
Mariénstätterhof
Mohlenhof
Burgerhus
Gut zur Nette
B 9
Saffiger Weg
Nettehammer
Miesenheim
0
1
2
3 km

diesem Exkurs wird man Apollinaires Beschreibung der Wanderung, des Empfangs an der Pforte, der Kirche und der Unterredung mit dem Abt wieder als das nehmen dürfen, was es darstellt: eines der interessantesten Stücke der Weltliteratur.

Wanderstrecken Leutesdorf-Hammerstein-Monrepos-Rheinbrohl etc.

Das Gedicht *Élégie du voyageur aux pieds blessés* [Elegie des Wanderers mit den wunden Füßen], dessen symbolistische Grundstruktur lange vor den Rheinlandaufenthalt zu datieren ist, nämlich in die Ardennen von Stavelot 1899, belegt das passionierte Wandern des Dichters und seine Reflexionen dabei. Da die Landschaft der Eifel und des nahen Westerwaldes relativ ähnlich wie die der Ardennen war, dürften sich bei der Endredaktion des im Mai 1902 erschienenen Gedichtes in Honnef manches inzwischen im Rheinland Erlebte hineingemischt haben[18]. Ein Beweis sind die beiden Terzinen, die im Manuskript ganz in der Nähe stehen. Allerdings haben sie keinen symbolistischen Klang sondern die beschreibende Struktur der 1901 und 1902 geschriebenen Werke.

Einige Wanderstrecken ergeben sich von selbst aus der etwas abseitigen Lage des Krayer Hofs. So dürfte er vom Bahnhof in Brohl entweder über das Pönterbachtal oder den Alker Hof an der Hohen Buche vorbei nach Kray gekommen sein und umgekehrt, ebenso vom Andernacher Bahnhof über den Stadtwald und das Hochkreuz oder über Eich. Der Weg von Krayer Hof nach Maria Laach ist mehrfach belegt. Ein Notizbuch, die sogenannte *Agenda russe*, enthält vier kurze Itinerarien aus dem Sommer 1902[19]:

Tal der Ahr mündet vor Linz bei Kripp / Bodendorf / Die Landskrone mit Ruine und Kapelle / Neuenahr - Bäderstadt, Hotels, Kirche

Bei dieser Wanderung von Linz, das er von Honnef mit dem Zug erreichen konnte, mit der Fähre nach Kripp und ins Ahrtal wird er bei der Apollinarisquelle vorbeigekommen sein. Die Rückfahrt von Neuenahr war wohl per Bahn über Remagen nach Rolandseck.

Asymmetrische Kirche in Leutesdorf / gegenüber Andernach (Dom) / Aufstieg nach Monrepos bei Neuwied / Rückkehr - Rheinbrohl / Hönningen / am andern Ufer Namedy

Dieses Itinerarium klingt nach einer Rückkehr von Krayer Hof nach Honnef. Aufbruch am frühsten Morgen, über den Stadtwald nach Andernach und mit der Fähre nach Leutesdorf. Dort bemerkte Apollinaire die asymmetrische Kirche. Er hat recht, das gotische Taufkapelle, das wie ein kleiner Chor der Kirche wirkt, und der romanische Turm stehen unsymmetrisch zur Achse der Kirche. Der Autor hatte das erst nach dem Lesen von Apollinaires Text bewusst wahrgenommen. Das Schloss Monrepos hat der angehende Poet wohl in einer Art Wallfahrt zum Dichterheim der Carmen Sylva besucht. Die besonderen literarischen Beziehungen zu der deutschen Dichterin, Prinzessin zu Wied und Königin von Rumänien sind in einem Aufsatz in diesem Band gesondert dargestellt[20]. Dann ging es über den Limeswanderweg nach Rheinbrohl und weiter nach Hönningen zum Zug nach Honnef. Aus der Bemerkung, dass man am anderen Ufer Namedy sehen konnte, ergibt sich, dass der Weg nach Rheinbrohl über den Forsthof und den Annahof geführt hat. Selbst, wenn Apollinaire nicht von Krayer Hof aufgebrochen, sondern am Morgen mit dem Zug nach Leutesdorf gefahren wäre, bleibt es eine enorme Wanderleistung.

(Solemacher) Turm des Königs von England / Burg Rheineck / [*Breisig*?]

Diese Wanderung könnte von Krayer Hof über Schloss Namedy, bei dem Apollinaire sich der Erbauung eines Turmes aus dem Spielgewinn des Barons von Solemacher gegenüber dem englischen Kronprinzen und späteren König erinnerte, über Rheineck zum Bahnhof von Bad Breisig geführt haben.

Blick vom Leutesdorfer Rheinufer auf Andernach, Gemälde von Karl Jutz, 1900
(Willi Vermaaten, Leutesdorf)

Nach Hönningen / der Felsen mit der Ruine Hammerstein / unten das Dorf / Oberhammerstein mit Burg des 11. Jh. von einem Bauern bewohnt

Dies ist eine Tour von Hönningen am Rhein entlang nach Hammerstein, wo er in Oberhammerstein das Alter der Ruine auf dem Berg oder der Kirche (11. Jh.) mit dem der unteren Burg aus dem 16. Jahrhundert verwechselt. Der Abschluss der Wanderung war dann wohl mit der Fähre nach Andernach und weiter zu Fuß zum Krayer Hof.

Man sieht, dass er nicht nur wie im Gedicht *Mai* mit dem Boot von Leutesdorf nach Honnef fährt, sondern dass er sich auch auf den Rheinhöhen die Landschaft erarbeitet. Apollinaire muss häufig durch Leutesdorf gegangen sein und möglicherweise den Blick und den Wein auf der Terrasse des Leyschen Hofes genossen haben. Bis Neuwied scheint er nicht gekommen zu sein. Die von ihm erwähnte Statue von Raiffeisen in Neuwied dürfte er in einem Zeitungsartikel über den Raiffeisen-Verband gesehen haben.

Lyrische Bilder: Verblühende Kirschbäume im Mai und Zigeuner

Zu den im Rheinland häufig benutzten lyrischen Bildern Apollinaires gehören die verblühenden Kirschbäume im Mai und die Zigeuner-Gaukler, die munter die Straßen links und rechts des Rheins hinauf und hinab zogen. Es gibt ein Gedicht, das diese Bilder bündelt und sie einer Schiffahrt von Leutesdorf nach Honnef auflistet, nämlich *Mai*. Dies war der Anlass, Gedichte und eine Prosapassage mit den entsprechenden Themen in die hier vorgelegte Sammlung der Texte von Apollinaires rheinischer Südregion aufzunehmen, auch wenn sie nicht immer eindeutig hierhin lokalisiert werden können.

Das Bild der im Mai bereits weitgehend verblühten Kirschbäume wird angereichert durch das Bild der fallenden Blütenblätter als Fingernägel der Geliebten und der schon etwas traurig hängenden Blüten selbst als ihre schwermütigen Augenlider. An zentraler Stelle findet es sich in der zweiten Strophe von *Mai*. Zu der etwas trivialen Parallelität des Endes des Frühlings und der Liebe mit dem Verblühen kommt aber noch ein biographisches Moment Apollinaires und Annie Playdens hinzu. Die schon lange schwelende Entfremdung nach einer heiteren Anfangszeit, die bis in den Winter 1901/1902 hinein dauerte, erhielt bei den Belastungen der Reise durch Deutschland einen besonderen Schub, wie Annie in ihren Briefen an Goffin später kommentierte. Die Schwierigkeiten miteinander eskalierten bis zum Mai 1902 und alle Maigedichte, auch das herrliche *Nuit rhénane* [Rheinische Nacht], haben daher ihren melancholischen bis traurigen Ton erhalten. Die verblühenden Kirschbäume zeigen sich dann auch in *Le Printemps* [Der Frühling] und in Paris zweitverwendet in *Vous êtes un verger plein de tentations* [Sie sind ein Obstgarten voller Versuchungen]. Es gibt aber auch einen Trost, der in allen drei Gedichten aufleuchtet, das ist die Schönheit der übrigen Natur im Mai, das Weitermachen ins Jahr hinein, die Aussicht auf Früchte im Herbst, etc. Hier kommt ein ganz starkes Moment der Landschaftsemotion der Romantik hinzu. Tatsächlich haben auch viele Gedichte Apollinaires Anregungen besonders bei Heinrich Heine genommen.

Photographie einer Zigeuner in der Ortsmitte von Honnef, um 1900
(Dr. Karl Günter Werber, Bad Honnef)

Im Gedicht *Mai* treten in der dritten Strophe die Zigeuner-Gaukler auf, mit Esel, Affen, dressierten Hunden, Tanzbären, Jongleuren, etc., wie sie in einem Photo um 1900 in der Ortsmitte von Honnef abgelichtet worden sind. Diese Gruppe taucht ebenfalls in *Saltimbanques* [Gaukler], *Dans la pleine les baladins* [In der Ebene ziehen die Gaukler] und in der Erzählung *La Comtesse d'Eisenberg* [Die Gräfin von Eisenberg] auf. Ferner sind Zigeuner in allgemeiner Form in den rheinischen Gedichten: *Les Cloches* [Die Glocken], *La Tzigane* [Die Zigeunerin] und Élégie zu finden. Bei ihnen mischt sich die Melancholie über das harte und ärmliche Leben mit der Freude am Spiel und an der artistischen Darstellung. Nicht ohne Grund wurde Pablo Picasso, den Apollinaire knapp zwei Jahre nach der Rückkehr von Deutschland 1904 in

Paris kennen lernte, von diesen Gauklergedichten für seine berühmte Serie der Komödiantenbilder von 1904/05 angeregt[21]. Hier tröstet jetzt nicht die Natur, sondern die Kunst über das miserable Leben und die Lieblosigkeit.

Bislang blieben die einzelnen Kapitel im ruhigen Bereich des südlichen Rheinlands Apollinaires, in der er Zeit hatte, streunen und wandern konnte, Menschen kennen lernte und beschrieb. Man kann diese Region mit der bergigen Landschaft des nördlichen Mittelrheins identifizieren: bis zum Andernacher Stadtwald, den Bergen um den Laacher See und bis zu den auf der rechten Rheinseite liegenden Hügeln des Westerwalds bei Monrepos vor dem Neuwieder Becken. Weiter nach Süden begann damals für Apollinaire die Region der schnelleren Bewegung, das angestrengte Beobachten auf der Durchreise: Mosel, Trier, Südeifel, Koblenz und der südliche Mittelrhein.

Mosel und Südeifel

Bei der Hinreise von Paris im Wagen der Vicomtesse gelangte Apollinaire über Luxemburg bei Grevenmacher am 24. August 1901 an die Mosel. Hier moserte er abends in der Herberge in einem Gedichtfragment, dass seine Angebetete Linda in Paris ihn vergessen hätte, was auch stimmte. Am 25. August kam er nach Trier. Die eine Zeile im Brief vom 15. September 1901, dass das Museum in Trier nur reich an Antiken wäre, scheint zunächst recht wenig. Wenn man aber seinen Vorschlag in einem Zeitungsartikel vom Dezember 1902 liest, als Pendant zum Germanischen Nationalmuseum in Nürnberg ein zentrales Museum der Lateinischen Welt eventuell in Trier an der Mosel zu etablieren – eine Idee, die keine Aussicht auf Verwirklichung hatte –, dann merkt man, dass ihn die alte römische Stadt äußerst fasziniert hat. Er dankte ihr dafür, dass er sie in seinem Gedicht *Vendémiaire*, das *Alcools* beschließt, den Chor von Hunderten von alten Weinstädten anführen lässt. Weiter ging dann die Fahrt die Mosel hinab am 26. August nach Ürzig ins Hotel zu Post, dann am 27. über Daun, Bad Bertrich nach Alf, wo übernachtet wurde, und am 28. weiter nach Koblenz. In Ürzig notierte sich der *Wagenknecht* Zugverbindungen nach Koblenz und dahinter Namen von Ersatzteilen für das Auto, die er dort besorgen und zur Reparatur nach Ürzig bringen musste. Verstreut finden sich Hinweise auf Schweich und die Wallfahrts- und Klosterkirche in Klausen im Notizbuch.

Den zweiten Besuch an der Mosel machte Apollinaire auf der Rückfahrt von der Reise durch Deutschland im Mai 1902. Es ist nicht ganz klar, ob die Vicomtesse von Kreuznach mit dem Auto über den Hunsrück nach Trarbach gefahren ist, oder ob man des schlechten Wetters wegen den Zug von Koblenz

Postkarte der Marienburg an der Mosel mit Autograph Apollinaires vom 16. August 1902
(Bibliothèque Nationale de France, Paris; Album Apollinaire)

genommen hat. In Trarbach wurde man jedenfalls erwartet. Die Vicomtesse hatte hier sehr wohlhabende Verwandtschaft aus der Linie ihrer Großmutter und ihrer Tante, die Familie Böcking. Der Brief an seinen Freund Onimus vom Juli 1902 belegt einen erneuten Besuch von Trier und Koblenz. Da sonst nichts erwähnt wird, erhält die Hypothese einer Zugfahrt eine größere Wahrscheinlichkeit. Die schönste Frucht dieser Moselreise war der Zeitungsartikel über Trarbach, den man wohlwollender und wohlinformierter kaum hätte schreiben können. Vielleicht hat Apollinaire einem Leiter des Fremdenverkehrsamtes oder dem so herausgestrichenen Hotelier und Weinbauer Adolph einen Gefallen tun wollen? Das Lob des Moselweins wurde nicht ohne Grund gesungen. Die Weine des nördlichen Mittelrheins vom Drachenfels bis Leutesdorf, die Apollinaire bis dahin genossen hatte, waren tatsächlich nicht die berühmtesten.

Der dritte Besuch an der Mosel fand knapp zehn Tage vor Ende seiner Dienstzeit im August 1902 statt. Von Honnef ging es am 14. August 1902 mit dem Automobil der Vicomtesse zur Ahr, am 15. nach Daun, am 16. an die Mosel zur Marienburg und nach Alf, wobei auch Manderscheid und Wittlich berührt wurden. Typisch für diese, wie auch für die anderen Fahrten an der Mosel ist eine gewisse Hektik, die ein größeres literarisches Werk nicht aufkommen ließ.

Koblenz

Apollinaire war hier am Abend des 28. August 1901 und wohnte wahrscheinlich wie die Vicomtesse im Hotel zum Riesen, wie er später in seinem Gedicht *Zone* in einer Aufzählung bemerkenswerter Orte seines Lebens herausstreicht. Er notiert die Inschrift des Denkmals des Präfekten Doazan vor St. Kastor, ärgert sich über das Denkmal Kaiser Wilhelms I. am Deutschen Eck und schaut in der Nacht auf das stille Zusammenfließen von Mosel und Rhein. Reiner Speck nimmt an, dass dieser Abend nicht ohne eine geballte Ladung Moselwein vorüberging, da ihm 1912 in Paris auf dem Quai d'Auteuil bei einer ähnlichen Gelegenheit die Szene am Deutschen Eck wieder einfiel[22]. Diese Erinnerung hat eine der schönsten Dichtungen nicht nur zu Mosel und Koblenz, sondern der *europäischen* Literatur hervorgebracht, das Gebet der Europa und der beiden Flüsse, eines der Kernstücke von *Vendémiaire*. Aus seinen Notizen zu diesem Abend in Koblenz entsteht auch eines seiner ersten rheinischen Gedichte, *Coblence* [Koblenz], dass er möglicherweise noch im Jahre 1901 an eine Zeitschrift schickte. Dort kam es aber unter die Räder, wurde erst im Jahre 1924 gefunden und mit 23 Jahren Verspätung publiziert.

Deutsches Eck in Koblenz, um 1900
(Stadtarchiv Koblenz)

Hotel zum Riesen in Koblenz, 1907
(Stadtarchiv Koblenz)

Südlicher Mittelrhein

Die Postkarten an Apollinaires Mutter in der ersten Maihälfte 1902 belegen die Besuche von Wiesbaden, Mainz, Kreuznach, Rüdesheim und des Niederwalddenkmals. Wann aber Apollinaire am südlichen Mittelrhein war, ist fraglich. Hatte die Vicomtesse ihr Auto mit dabei gehabt und war nach der Aufgabe des Plans, von Kreuznach den Hunsrück nach Trarbach zu überqueren, den Rhein hinunter nach Koblenz gefahren? Das wäre eine Erklärung dafür, dass Apollinaire seine freie Übertragung des Loreley-Gedichtes von Clemens Brentano *Bacharach mai 1902* datiert hat. Bei einer Pause in Bacharach zur Besichtigung kann er mit Sicherheit keine Zeit gehabt haben, das ganze lange Werk auszuarbeiten. Er hatte sich den deutschen Text in sein Notizbuch abgeschrieben und konnte somit jederzeit daran arbeiten. Die Publikation von Loreley in der von ihm selbst herausgegebenen Kulturzeitschrift *Le Festin d'Ésope* im Februar 1904 belegt, dass er das Gedicht relativ zügig fertiggestellt hat, aber nicht, dass es schon im Rheinland vollendet wurde. Das Datum des Mai 1902 dürfte somit nur markieren, die Stadt der Loreley, deren Name Bacharach das Gedicht eröffnet, persönlich besichtigt zu haben. Nun schrieb Apollinaires Schülerin Gabrielle in einem Brief, den er im November 1901 unter dem Titel *Puerilia verba* in *Tabarin* wiedergibt, dass sie schon auf dem Felsen der Loreley gewesen sei. Eine solche Fahrt im Frühherbst 1901 dürfte an Apollinaire kaum vorbeigegangen sein. Am 9. Oktober 1901 schickte er an Linda Molina da Silva eine Postkarte mit der Abbildung der Burgen Katz und Maus, die in Honnef wohl kaum zu erhalten gewesen wäre, und skizzierte in wenigen Worten ihre Geschichte. Demnach müsste er Ende September oder Anfang Oktober zu einem in seiner Korrespondenz nicht belegten Besuch am Mittelrhein gewesen sein (?).

Dass *La Loreley* eine Frucht des Jahre 1902 und 1903 ist, zeigen auch die Züge Annie Playdens, die der Zauberin beigelegt werden, vor allem die Selbstbezauberung durch den Spiegelblick in ihre eigenen Augen und ihre Selbstvernichtung, auf die schon Ernst Wolf 1952 hinwies[23]. Apollinaire spielt auf Annies hübsche Augen an, die ihn nicht loslassen und ihn verhexen, die sich aber auch selbst strafen sollen. Diese in totaler Abwandlung des Brentanoschen Textes geschriebene Strophe atmet schon die gelegentliche Verwünschung seiner Liebe, wie sie für die letzte Zeit am Rhein im August 1902 und danach in Paris zu bemerken ist. Apollinaires freie Übertragung ist die bei weitem beste Fassung des Brentanoschen Gedichtes in der französischen Sprache.

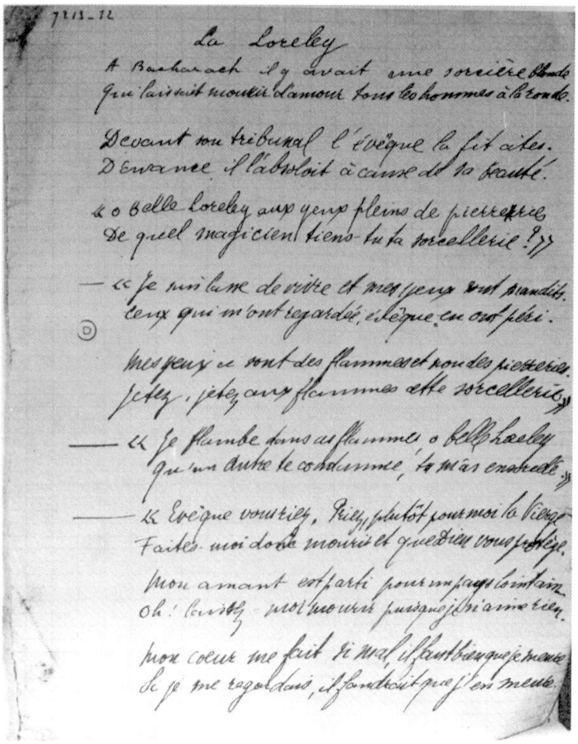
7213-12

La Loreley

A Bacharach il y avait une sorcière blonde
Qui laissait mourir d'amour tous les hommes à la ronde.

Devant son tribunal l'évêque la fit citer.
D'avance il l'absolvit à cause de sa beauté.

« O belle Loreley aux yeux pleins de pierreries
De quel magicien tiens-tu ta sorcellerie ? »

— « Je suis lasse de vivre et mes yeux sont maudits.
Ceux qui m'ont regardée, évêque, en ont péri.

Mes yeux ce sont des flammes et non des pierreries.
Jetez, jetez aux flammes cette sorcellerie. »

— « Je flambe dans ces flammes, ô belle Loreley
Qu'un autre te condamne, tu m'as ensorcelé. »

— « Évêque vous riez. Priez plutôt pour moi la Vierge
Faites-moi donc mourir et que Dieu vous protège.

Mon amant est parti pour un pays lointain.
Oh ! faites-moi mourir puisque je n'aime rien.

Mon cœur me fait si mal il faut bien que je meure
Si je me regardais, il faudrait que j'en meure.

Eigenhändige Abschrift des Gedichtes *La Loreley* durch Apollinaire
(Bibliothèque Nationale de France, Paris; Album Apollinaire)

Im Zusammenhang des südlichen Mittelrheins steht das Zitat der Sage von den Sieben Schwestern von Oberwesel in der Siebenzahl der Frauen am Anfang von *Nuit rhénane* und die Vermischung dieser Sage mit der von der Loreley und sogar einem Bild aus *Pfalzgräfin Jutta* von Heine in dem kleinen, sicher 1902 im Rheinland entstandenen Prosastück *Bateliers sur le Rhin* [Schiffer auf dem Rhein], das 1916 für die Hereinnahme in die große Erzählung *Le Poète assassiné* vorgesehen war, aber dann doch in der Schublade verblieb. Der Autor hat diesen Text, der durchaus Elemente eines freien Gedichtes aufweist, durch Aufschneiden in Apollinaires Manier in ein solches verwandelt.

Wie schon an der Mosel verhinderte die Hektik der Fahrt und des Durchreisens auch am Mittelrhein und in Koblenz eine literarische Ausarbeitung an Ort und Stelle. Dennoch haben die erlebten Elemente ausgereicht, durch die Nacharbeit große literarische Werke hervorzubringen. Das gilt ebenso für den *Schinderhannes*, dessen Text ebenfalls in der Schublade Apollinaires eine längere Zeit nach der Grundinformation bei einem Fälscher in Honnef und den Zeitungsartikeln im Sommer 1902 über die damals vor hundert Jahren erfolgte Festnahme des Räuberhauptmanns gereift war.

Schlussbemerkung

Qualität und Quantität der literarischen Ausbeute von Apollinaires Aufenthalt an Mittelrhein und Mosel stehen keineswegs dem um das Siebengebirge und in Köln nach. In einer noch von den Traditionen der deutschen Romantik und Spätromantik beeinflussten lyrischen Landschaft unternimmt der Dichter den Versuch, sich eine eigenständige Welt zu schaffen und das Schöne und die Kunst aus seinem Innern hervorgehen zu lassen. Dieses orphische Prinzip der Moderne, das ihn zu seinem späteren, oft hermetischen Werk anleitet, zeigt sich im ersten Ansatz am Rhein in der Form des lyrischen Realismus in einer auch für ein breiteres Publikum gut verständlichen Weise.

---

* Alle Gedichte, Prosastellen, Zeitungsartikel, Briefstellen und Notizen, die hier nicht besonders zitiert werden, befinden sich in der Textsammlung am Ende dieses Bandes.

1 Ernst Wolf: *Guillaume Apollinaire und das Rheinland.* Diss. Univ. Bonn 1937. Neuausgabe, Eberhard Leube (Hrsg.), (Bonner Romanistische Studien, Bd. 27), Frankfurt am Main/Bern/ New York/Paris: Lang, 1988.

2 Jürgen Grimm: *Guillaume Apollinaire.* (Beck'sche Reihe. Autoren, 628), München: Beck, 1993.

3 Programmheft des Internationalen Kolloquiums *Guillaume Apollinaire - der Rhein - Deutschland.* 19. - 24. August 2001, Bad Honnef, Kurt Roessler (Hrsg.), Bornheim: Roessler, 2001; die *Actes du Colloque* gegen Ende 2002 im Verlag Minard in Paris.

4 Kurt Roessler: *Der rheinische Dichter Guillaume Apolllinaire 1901-1902.I. Unkel und Umgebung.* Bornheim: Roessler, 2000.

5 *Sieben Berge schliefen wie Tiere Müde vom Wachen über Legenden. Der Dichter Guillaume Apollinaire am Rhein 1901-1902.* Kurt Roessler, Elmar Scheuren (Hrsg.), Bornheim: Roessler, 2001.

6 *Köln im Werk von Guillaume Apollinaire.* Kurt Roessler (Hrsg.), Bornheim: Roessler, 2002.

7 Kurt Roessler: *Guillaume Apollinaire, un poète français en Allemagne. Son séjour sur le Rhin près d'Andernach 1901-1902.* (Katalog einer Ausstellung in St. Amand-les-Eaux, 30. April-30. Mai 1999), Bornheim: Roessler, 1999.

8 Louis Brunet: *Apollinaires Deutschlandreise im Jahre 1902.* In Ref. 5, 83-104.

9 Kurt Roessler: *Mit Élinor Vicomtesse de Milhau zum Rhein.* In Ref. 5, 19-38.

10 Julius Wegeler: *Haus Kray.* In: *Die Schlösser Rheineck und Olbrück, die Burgen bei Burgbrohl, Namedy und Wassenach, die Schweppenburg und Haus Kray.* Beiträge zur Geschichte der Rheinlande. 2. Aufl., Koblenz: Hergi, 1878, 175-180. Josef Busley, Heinrich Neu: *Krayer Hof.* In: *Die Kunstdenkmäler der Rheinprovinz.* 17. Band, II. Abtlg., *Die Kunstdenkmäler des Kreises Mayen,* Paul Clemen (Hrsg.), Düsseldorf: Schwann, 1941, 230-232. Otto von Fisenne: *Krayer Burg ist im Kern romanisch.* In: Rhein-Zeitung (Koblenz), Beilage: Heimat zwischen Hunsrück und Eifel, 18. Jg., Nr. 9, November 1970. Otto von Fisenne: *Die Wasserburg Kray bei Andernach am Rhein und ihre Geschichte.* In: Burgen und Schlösser, 1978/II, 134-135. Franz-Josef Heyen: *Eich.* In: *Andernach. Geschichte einer rheinischen Stadt.* Franz-Josef Heyen (Hrsg.), Andernach: Stadtverwaltung Andernach, 1988, 427-434. Otto von Fisenne: *Die Bedeutung des Krayerhofes für die Geschichte Andernachs während des Mittelalters und der Neuzeit.* In: Heimat-Jahrbuch 1989, Koblenz: Landkreis Mayen-Koblenz, 1989, 76-78. Otto von Fisenne: *Der unweit des Laacher Sees gelegene Krayerhof erlebte im 19. Jahrhundert unter der Familie Hölterhoff eine Blütezeit.* In: Heimat-Jahrbuch 1992., Koblenz: Landkreis Mayen-Koblenz, 1992, 74-78.

11 Helmut Werner: *Les Exploits d'un jeune don Juan. Un vieux problème est résolu.* In: *Que vlo-ve? Bull. internat. des études sur Guillaume Apollinaire,* 28e année, 4e série, n° 12, octobre-décembre 2000, 118-121.

12 Marc Poupon: *L'Année allemande d'Apollinaire.* In: *Guillaume Apollinaire 7,* Michel Décaudin (Hrsg.), (*La Revue des Lettres Modernes* 183/188), Paris: Minard,1968, 9-56. Otto von Fisenne: *Sterne für einen blassen deutschen Herbst.* In: Die Welt (Hamburg), 25. März 1968, III. Harry Lerch: *„Er nimmt mit einem einzigen Flügelschlag die Höhe" Harry Lerch berichtet über die rheinischen Jahre des Dichters Guillaume Apollinaire.* Rhein-Zeitung (Mayen-Andernach), September 1973. Harry Lerch: *Bunter Paradiesvogel im Krayer Hof. Im Turmzimmer dichtete und fror der französische Poet Guillaume Apollinaire.* In: Rhein-Zeitung (Mayen-Andernach), 4. Oktober 1983. Bruno Seifert: *Guillaume Apollinaires Spuren führen zu Krayerhof in Eich.* In: Rhein-Zeitung (Mayen-Andernach), 5. September 1990. Otto von Fisenne: *Guillaume Apollinaires Aufenthalt als Hauslehrer auf dem Krayer*

Hof (1901-1902). In: Heimat-Jahrbuch 1991, Koblenz: Landkreis Mayen-Koblenz, 1991, 88-93. Kurt Roessler: *Images de Honnef et de Krayerhof.* In: *Amis européens d'Apollinaire.* Michel Décaudin (Hrsg.), Paris: Presses de la Sorbonne nouvelle, 1995, 125-131.

13 Bruno Seifert: *Die Gräber der gläubigen Bauern. Friedhof als Zeuge der Geschichte.* In: Rheinische Post (Düsseldorf), 5. Juli 1986; Franz-Josef Heyen: *Eich.* In: *Andernach. Geschichte einer rheinischen Stadt.* Franz-Josef Heyen (Hrsg.), Andernach: Stadtverwaltung Andernach, 1988, 434.

14 *Andernach. Geschichte einer rheinischen Stadt.* Franz-Josef Heyen (Hrsg.), Andernach: Stadtverwaltung Andernach, 1988. Hans Hundler: *Andernach in alten Ansichten.* Zaltbommel: Europäische Bibliothek, 1992. Klaus Schäfer: *Andernach am Rhein.* Reihe Archivbilder, Erfurt: Sutton, 1998.

15 Paul-Georg Custodis, Jan Meißner: *Burg Namedy in Andernach.* (Rheinische Kunststätten, Heft 420), Köln: Rhein. Verein f. Denkmalspflege u. Landschaftsschutz, 1996.

16 Max Benzler: *Erzbischof Willibrord Benzler (1853-1921).* In: Der Schlüssel. Blätter der Heimat für Stadt und Amt Hemer, Hemer: Bürger- & Heimatverein, 1963/1964; Fortsetzungen: Heft 3 (1963) 8-16, Heft 4 (1963) 1-13, Heft 1 (1964) 1-15, Heft 2 (1964) 1-9.

17 *900 Jahre Abtei Maria Laach (1093-1993).* Begleitheft zur Ausstellung im Stadtmuseum Andernach vom 4. April - 29. August 1993. (Andernacher Beiträge 10), Klaus Schäfer (Hrsg.), Andernach: Stadtmuseum Andernach.

18 Kurt Roessler: *Des Rives de l'Amblève à celles du Rhin.* In: *Que vlo-ve?* Bull. internat. des études sur Guillaume Apollinaire. 28e année, 4e série, n° 9, janvier-mars 2000, 33-41.

19 *Agenda russe.* Bibliothèque Nationale de France, Paris, Mss., Nafr. 25625, F^{o} 91 v°, F^{o} 92 r°.

20 Kurt Roessler: *Der Gedanke des Rheinzyklus bei Apollinaire.* In diesem Band. *Carmen Sylva & Guillaume Apollinaire.* (Beiheft der Musikalischen Soiree zum 100. Jubiläum der Rheinperiode des französischen Dichters am 1. Juni 2001 im Weingut Mohr und Söhne in Leutesdorf), Kurt Roessler (Hrsg.), Bornheim: Roessler, 2001. Kurt Roessler: *Lieder für die Königinnen. Carmen Sylva und Guillaume Apollinaire.* In Ref. 5, 71-82.

21 Peter Read: *Picasso et Apollinaire. Les métamorphoses de la mémoire 1905/ 1973.* Paris: Place, 1995.

22 Reiner Speck: *Apollinaire in Köln.* In: *Bilderstreit. Widerspruch, Einheit und Fragment in der Kunst seit 1960.* (Katalog einer Ausstellung in den Rheinhallen der Kölner Messe 8. April bis 28. Juni 1989), Köln: DuMont, 1989, 494-502.

23 Ernest M. Wolf: *Apollinaire und die «Lore Lay» Brentanos.* In: Revue de Littérature Comparée, 25e année, 1951, 468-479.

Gemälde des Krayer Hofs von André, 1901
(Fred Schäfer-Schällhammer, Andernach-Kell)

De Dion Bouton um 1900, der Wagentyp mit dem die Vicomtesse und Apollinaire von Paris ins Rheinland fuhren.
(Helmut von Fisenne, Krayer Hof)

Apollinaires Arbeitgeber und Gastgeber

Die Familien Hölterhoff, de Milhau und von Fisenne

Helmut von Fisenne

Die Hölterhoff gehörten im 19. Jahrhundert zu den bekanntesten Familien des Kölner Großbürgertums. Ihre Anfänge liegen im Bergischen Land bei Lennep. Sie entwickelten sich im Laufe der frühen Industrialisierung des 18. Jahrhunderts ausgehend vom Betrieb alter Handwerkskotten und Gerbereien an Wassermühlen zu Industriellen und Großhändlern ersten Ranges. Durch die Heirat des Lenneper Bürgermeisters Johann Daniel Hölterhoff (1771-1824) mit Katharina Strohn (1764-1840), der Tochter eines Lenneper Lederhändlers, kam die Familie mit der Lederindustrie in Berührung. Später wandte sie sich in Köln ganz dem Handel mit Tierhäuten aus Lateinamerika zu[1,2,3,4,5].

Das bekannteste Mitglied der Familie, Franz Daniel Hölterhoff (1798-1842), zweiter Sohn von Johann Daniel Hölterhoff, war langjähriger und hochgeachteter Präsident des Kölner Handelsgerichtes und Erster Beigeordneter (stellvertretender Bürgermeister) der Stadt Köln. Als einer der führenden Wildhäuteimporteure der Stadt versuchte er, die Attraktivität Kölns als Handelszentrum zu heben[1,2,6]. Bekannt ist seine Reise nach England im Jahre 1829 mit dem Ziel, eine direkte Handelsschiffverbindung zwischen London und Köln zu etablieren[7]. Nach dem frühen Tod von Franz Daniel Hölterhoff übernahm sein verheirateter, aber kinderloser Bruder Matthias Hölterhoff (1796-1880) die Vormundschaft für dessen sechs unmündige Kinder. Er hatte 1824 die von seinem Vater Johann Daniel Hölterhoff von Lennep nach Köln auf die Hohe Pforte 14 verlegte Wildhäutehandlung Matthias Strohn übernommen. Aus dieser Zeit datierte auch das Kontor in Buenos Aires, das den Export der sogenannten La Plata-Häute organisierte. 1827 kaufte seine Mutter Katharina Hölterhoff den Krayer Hof, sicher im Auftrag ihres Sohnes.

Der Kern des Krayer Hofs ist eine mittelalterlichen Burg, die zunächst reichsunmittelbar war und deren Besitz im alten Deutschen Reich mit dem Titel eines Reichsfreiherrn verbunden war. Seit 1366 Lehen des Kölner Erzbischofs, gerät sie in der Säkularisation in bürgerlichen Privatbesitz. 1813 erwarb der Andernacher Lederfabrikant Nebel den Hof, um das Holz des umliegenden Waldes für seinen Gerbereibetrieb zu nutzen[8]. Der Erwerb durch Katharina (und damit Matthias) Hölterhoff war sicher durch berufliche Kontakte vorbereitet. Das Gut war damals übrigens ein landtagsfähiges Rittergut. Dies und nicht die ehemalige Reichsfreiherrschaft war der Ursprung der Diskussion, die

Apollinaire um den Namen *Rittergut* führte. Matthias Neffe Otto Hölterhoff errichtete auf dem Hof eine Paraffinfabrik, wozu er Paraffin aus dem Torf der Talwiesen gewann. Außer der Holzgewinnung für die Gerberei war aber die Nutzung des Hofes hauptsächlich agrarischer Art. Seit 1827 besorgte die aus Neuwied zugezogene Pächterfamilie Schanz die Landwirtschaft. Das waren übrigens Mennoniten, denen mit der Zeit noch andere als Pächter umliegender Höfe nachfolgten.

Porträt der Maria Hölterhoff, um 1855.
(Gisela Zervoulakos de la Forge, Köln)

Bei seinem Tod vermachte Matthias Hölterhoff sein Vermögen grundsätzlich seinen drei Nichten Carolina Karcher (1830-1904), Maria Hölterhoff (1835-1924) und Anna von Fisenne (1839-1932). Es bestand im Wesentlichen aus Bankguthaben, Immobilien in Honnef und dem Krayer Hof. Den lebenslangen Nießbrauch dieses Erbes übertrug er aber seinem Neffen Otto Hölterhoff (1838-1899). Letzterer gründete 1899 per Testament zum Andenken an seine vor ihm verstorbene Frau Elly, geb. Böcking (1840-1884), die Elly Hölterhoff-Böcking-Stiftung in Honnef, deren Trägerschaft die Universität Bonn übernahm. Der 1904 begonnene und 1909 vollendete Bau steht noch heute und stellt das imposanteste Zeugnis der Familie Hölterhoff dar. Er beherbergt das Physikzentrum Bad Honnef[9],[10].

Constantin Hölterhoff (1819-1896), aus der Altenberger Nebenlinie der Familie, heiratete 1859 seine Cousine Maria Hölterhoff, eine der drei Schwestern. Aus dieser Ehe ging 1865 in Köln als einziges Kind die Tochter Eleonore hervor. Die geschäftlichen Beziehungen Constantin Hölterhoffs waren wie die seiner Verwandten auf Argentinien gerichtet. Er besaß Büros in Buenos Aires und Paris. Für den Aufenthalt im Rheinland kaufte er noch vor 1870 die Villa

Neu-Glück in Bennerscheid bei Oberpleis, die er und seine Tochter im Laufe der Jahrzehnte zu einem Landhaus ausbauten, dem sogenannten Schlösschen Neu-Glück. Eleonore Hölterhoff, die sich mit ihren Eltern oft in Paris aufhielt, heiratete dort 1891 den französischen Marineoffizier Gaëtan Vicomte de Milhau (1853-1899) und erhielt als Élinor Vicomtesse de Milhau die französische Staatsbürgerschaft. Der Vicomte besaß in der Normandie in Bernières-sur-Mer das Schloss Quintefeuille und in Paris ein herrschaftliches Haus in der Rue Chalgrin 32 in bester Lage nahe dem Arc de Triomphe. Er war ein passionierter Velozipedsportler und Freund von Henri Michaud, dem Erfinder dieses Vorläufers des Fahrrads. Das Paar machte auch Besuche im Rheinland in Neu-Glück. Als einziges Kind wurde ihm 1892 in Bernières die Tochter Gabrielle (1892-1931) geboren. Im Februar 1899 beging der Vicomte aus unbekannten Gründen Selbstmord.

Anna von Fisenne, um 1865
(Gisela Zervoulakos de la Forge, Köln)

Nach dem Tode Otto Hölterhoffs im Jahre 1899 konnten die drei Schwestern Caroline, Maria und Anna die Erbschaft ihres Onkels Matthias endlich de facto antreten, die ihnen bis dahin durch das Nutzungsrecht ihres Bruders verwehrt war. Sie wurde als Familienvermögen zunächst gemeinsam verwaltet. Die Interessenlagen der Erben waren jedoch unterschiedlich, dass sich Maria Hölterhoff und ihre Tochter mehr für die Honnefer Liegenschaften, Anna von Fisenne und ihr Sohn, der Jurist Otto von Fisenne (1865-1921), für den Krayer Hof zuständig fühlten. Relativ spät, im Sommer 1901, beschlossen Maria Hölterhoff und ihre Tochter Élinor von Frankreich nach Deutschland zu reisen, um persönlich das Erbe zu inspizieren. Aus dem zunächst nur für ein paar Monate geplanten Besuch wurden mehrere Jahre. Dabei übernahm die energische

Vicomtesse die gesamte Verwaltung für ihre Mutter, ebenso wie in Krayer Hof Otto von Fisenne. Im Jahre 1908 erfolgt dann die endgültige Gütertrennung der Erben Matthias Hölterhoff, bei der die bisherigen *Verwalter* ihre Bereiche als Eigentum übernahmen.

Élinor Vicomtesse de Milhau, geb. Hölterhoff, um 1890
(Gisela Zervoulakos de la Forge, Köln)

Mitte 1901 wurde in Paris der stellungslose Schriftsteller Wilhelm de Kostrowitzky durch die Vermittlung der Mutter seines Freundes Nicosia, die der kleinen Gabrielle de Milhau Klavierstunden gab, der Vicomtesse vorgestellt. Sie engagierte Wilhelm als Hauslehrer für Französisch mit einem monatlichen Gehalt von 100 Francs. Im Sommer 1901 arbeitete in der Familie de Milhau auch noch eine englische Gouvernante, die hübsche Londonerin Annie Playden. Im August 1901 bietet die Vicomtesse Wilhelm de Kostrowitzky an, sie und ihre Familie in gleicher Funktion mit einem monatlichen Salär von 200 Francs nach Deutschland zu begleiten. Am 22. August 1901 fuhren die beiden mit dem kleinen Auto der Vicomtesse, einem De Dion Bouton, über Reims, Luxemburg, Trier und Koblenz nach Neu-Glück, während Maria Hölterhoff, Gabrielle und Annie Playden mit dem Zug nach Köln hinterher reisten[4]. Die Wohnstätten des Dichters waren die seiner Arbeitgeberin: die Villa Neu-Glück, die Villa Hölterhoff und gelegentlich das Gut Krayer Hof. Man kann seiner Anstellung als Hauslehrer auch noch die als Wagenknecht und Reisebegleiter hinzufügen. Ein Jahr nach Antritt der Reise in Paris wird am 21. August 1902 Wilhelm de Kostrowitzky auf eigenen Wunsch von der Vicomtesse in Neu-Glück entlassen und erhält am 24. August ein ehrendes Zeugnis. Er reist dann mit dem Zug über Köln nach Paris zurück.

Wilhelm de Kostrowitzky, der Dichter Guillaume Apollinaire, hat in der Folge der deutsch-französischen Verbindungen der Familie Hölterhoff die sachliche Grundlage für seinen Aufenthalt und damit auch für sein dichterisches Werk erhalten. Darüber hinaus war es die beeindruckende Persönlichkeit der Vicomtesse selbst, die ihn geleitet haben dürfte. Die Mitnahme des Hauslehrers auf ihren eigenen Bildungsreisen durch deutsche Städte und Museen dürfte etwas in Apollinaire bereits Innewohnendes geweckt haben, nämlich, eine Verbindung von Poesie und bildender Kunst zu schaffen. Weder in den Kreisen des französischen Adels, noch in denen des kommerziellen deutschen Großbürgertums waren solche Bildungsreisen allgemein üblich. Die Vicomtesse folgt vielmehr den Anschauungen des Bildungsbürgertums im Deutschland der Jahrhundertwende.

Gabrielle de Milhau, die Schülerin Apollinaires
(Helmut von Fisenne, Krayer Hof)

Neben Mme de Milhau nimmt aber noch eine zweite Person der Familie Hölterhoff eine besondere Stellung ein, ihre Tante Anna von Fisenne. Diese hatte noch mit ihrer Mutter, der Witwe Franz Daniel Hölterhoffs, und nach deren Tod mit ihrem Mann, dem Juristen Albert von Fisenne (1837-1890), bis zum Jahre 1871 in dem Hölterhoffschen Haus in der Severinstraße 218 in Köln gewohnt. Danach lebte sie in Colmar, wo ihr Mann bis zu seinem Tode als Oberlandesgerichtsrat arbeitete, und dann bei ihrem Sohn Otto in Straßburg. Anna war eine ebenso energische und aktive Frau wie die (Vicomtesse. Bei den wenigen Treffen mit Willhelm de Kostrowitzky in Krayer Hof scheint sie nach den von ihren Nachkommen weitergegeben Informationen als Einzige der Familie seine Qualität als Dichter gewürdigt zu haben[11,12]. Apollinaire hat in Krayer Hof auch ihren Sohn Otto von Fisenne kennen gelernt, wie er im Brief von 13. November 1901 an seine Mutter schreibt. Die sehr positiven Bemerkungen, die Apollinaire viele Jahre später, im Jahre 1915 in einem Brief an Lou über die Aufnahme in Krayer Hof macht, sind wahrscheinlich Otto von Fisenne und seiner Mutter geschuldet.

Annie Playden, um 1901/02.
(Michel Décaudin: *Apollinaire*, 1986.)

Der Krayer Hof hatte damals das Aussehen, das er auch heute noch zeigt: eine heitere Hauptfassade mit Fachwerk und unregelmäßigen Fenstern, nach außen aber sehr strenge Fassaden. Runde Ecktürme schmiegen sich in die hohen Mauern ein. In einem der Flügel war früher eine Kapelle eingerichtet, die aber heute als *Rittersaal* dient. Den mündlichen Familienüberlieferungen nach soll Apollinaire, auf seinen eigenen Wunsch hin, in einem etwas abseits gelegenen Zimmer im Hauptturm gewohnt haben, das im Winter kalt und ungemütlich gewesen sein muss. Es wird heute noch das *Dichterzimmer* genannt.

Élinor de Milhau hatte 1908 in zweiter Ehe in Paris den Arzt Dr. Panajotis Zervoulakos Marquis de la Forge (1874-1949) geheiratet. Über den von Panajotis Zervoulakos adoptierten Neffen, den griechischen Oberst Elias Zervoulakos, hat sich die Familie Zervoulakos de la Forge bis heute in Köln erhalten. Der andere Zweig der Hölterhoffs, die Familie von Fisenne, führte bis 1950 das Gut Krayer Hof mit der Hilfe von Pächtern. Auch nach partiellem Verkauf im Jahr 1950 gehören ihr heute noch Wäldereien und Wohngebäude, von denen das sogenannte *Herrenhaus* vom Autor regelmäßig bewohnt wird. In ihm soll im Sommer 2002 eine permanente private Ausstellung zur Geschichte des Krayer Hofes eingerichtet werden, die nach Absprache besucht werden kann.

---

1 Hermann Kellenberg, Klara van Eyll: *Die Geschichte der unternehmerischen Selbstverwaltung in Köln 1797 - 1914.* (Schriften zur Rheinisch-Westfälischen Wirtschaftsgeschichte), Köln: Rheinisch-Westfälisches Wirtschaftsarchiv zu Köln, 1972.

2 *Westdeutsche Ahnentafeln.* Scheibler, Wülfrath (Hrsg.), 1939, 47, 50, 82-83, 92-95, 111.

3 Kurt Roessler: *Rheingedichte von Guillaume Apollinaire. Zum Aufenthalt des bedeutendsten Dichters der französischen Moderne in Bad Honnef 1901-1902.* (Katalog einer Ausstellung im Rathaus Bad Honnef, 2.-19. Dezember 1986), Bornheim: Roessler, 1986.

4 Kurt Roessler: *Mit Élinor Vicomtesse de Milhau zum Rhein.* In: *Sieben Berge schliefen wie Tiere Müde vom Wachen über Legenden. Der Dichter Guillaume Apollinaire am Rhein 1901-1902.* Kurt Roessler, Elmar Scheuren (Hrsg.), Bornheim: Roessler, 2001, 19-38.

5 Helmut von Fisenne: *Die Hölterhoffs, eine Familie des Kölner Großbürgertums.* In: *Köln im Werk von Guillaume Apollinaire.* Kurt Roessler (Hrsg.), Bornheim: Roessler, 2002, 17-32.

6 Martin Schumacher: *Hölterhoff, Franz Daniel.* In: Neue deutsche Biographie, 334-335.

7 Martin Schumacher: *Auslandsreisen deutscher Unternehmer 1750 - 1851 unter besonderer Berücksichtigung von Rheinland und Westfalen.* (Schriften zur Rheinisch-Westfälischen Wirtschaftsgeschichte, Bd. 17), Köln: Rheinisch-Westfälisches Wirtschaftsarchiv zu Köln, 1968.

8 Franz-Josef Heyen: *Eich.* In: *Andernach. Geschichte einer rheinischen Stadt.* Franz-Josef Heyen (Hrsg.), Andernach: Stadtverwaltung Andernach, 1988, 427-434.

9 *Akten Matthias Hölterhoff* im Hause der Elly Hölterhoff-Böcking-Stiftung in Bad Honnef (Dr. Joachim Debrus).

10 Siegfried Methfessel: *Festschrift zum 20jährigen Bestehen des Physikzentrums Bad Honnef.* Weinheim: Wiley/Verlag Chemie, 1996.

11 Otto von Fisenne: *Sterne für einen blassen deutschen Herbst.* In: *Die Welt* (Hamburg), 25. März 1968, III

12 Marc Poupon: *L'Année allemande d'Apollinaire.* In: *Guillaume Apollinaire 7,* Michel Décaudin (Hrsg.), (La Revue des Lettres Modernes 183-188), Paris: Minard, 1968, 9-56.

Maria Hölterhoff, um 1900
(Gisela Zervoulakos de la Forge, Köln)

Élinor Vicomtesse de Milhau, um 1900
(Album Apollinaire)

Krayer Hof in der Erzählung von Marc Poupon

Kurt Roessler

Als der Autor sich im Sommer 1985 zum erstenmal mit dem Rheinaufenthalt Apollinaires beschäftigte, gelangte er bald an den umfangreichen Aufsatz des französischen Literaturwissenschaftlers Marc Poupon mit dem Titel *L'Année allemande d'Apollinaire* [Das deutsche Jahr Apollinaires] von 1968.[1] Nach der Doktorarbeit von Ernst Wolf von 1937[2] war dies der erste substantielle Bericht, der aus der Kenntnis des literarischen Werks, aber auch aus eigenen Studien im Rheinland vor Ort entstand. Neu im Vergleich zu der Arbeit von Wolf und Artikeln der Nachkriegszeit[3,4] war darin die Entdeckung des Krayer Hofs bei Andernach als weiteren Aufenthaltsort Apollinaires neben der Villa Neu-Glück bei Oberpleis. Der Autor hatte dann 1986 die Gelegenheit, die Villa Hölterhoff am Frankenweg in Bad Honnef als dritten und wichtigsten Wohnort in die Apollinaire-Forschung einzubringen[5]. Die Arbeit von Marc Poupon hat den Autor zu den damals bekannten Apollinaire-Orten im Rheinland geleitet, wofür er ihm dankbar ist. Allerdings stellten sich schon bald wegen des allzu erzählerischen Stils und der zahlreichen detaillierten Angaben Fragen nach ihrer Belegbarkeit, ja sogar nach ihrer Wahrhaftigkeit ein. Diese sollen hier im Licht des derzeitigen Wissens um die literarischen Quellen erneut gestellt werden.

Nach seiner Reise durch Deutschland hatte Marc Poupon einen Briefwechsel mit Dr. Otto von Fisenne begonnen, einem in Hamburg lebenden Juristen und renommierten Journalisten. Dieser übermittelte ihm neue Informationen aus mündlicher Weitergabe in seiner Familie, welche Marc Poupon bereitwillig in seinen Aufsatz integrierte. Wie schon durch die Verwertung des kolportagehaften Buches von Werner Heinen über Apollinaires Arbeitgeberin, Élinor Vicomtesse de Milhau[6], enthält der verdienstvolle Artikel auch durch die begeisterte, aber unkritische Annahme der Familientradition erhebliche Fehler.

Anna von Fisenne, geb. Hölterhoff (1839-1932) war die Urgroßmutter von Dr. Otto von Fisenne. Sie war zusammen mit ihren Schwestern Karoline und Maria Eigentümerin des zunächst gemeinsam verwalteten Erbes ihres Onkels Matthias Hölterhoff, zu dem auch der Krayer Hof gehörte. Schon vor der offiziellen Aufteilung des Familienvermögens im Jahre 1908 hatten sich die Erbinnen darauf verständigt, dass Maria Hölterhoff und ihre Tochter die nördlichen Besitzungen um Honnef und Anna von Fisenne und ihr Sohn, der Straßburger Oberstaatsanwalt Otto von Fisenne (1865-1921), den Krayer Hof getrennt verwalteten[7]. Ein Treffen Apollinaires mit Otto von Fisenne in Kray ist in dem Brief an seine Mutter vom 13. November 1901 belegt. Für einen persönlichen Kontakt mit Anna von Fisenne, gibt es außer der von Dr. Otto von Fisenne weitergegebenen Familientradition keine Belege. Da die Besuche Apollinaires nicht zu häufig und relativ kurz waren, dürften die Überlappungen mit der Anwesenheit der Anna von Fisenne, die mit Ausnahme der Ferienaufenthalte dauernd in Straßburg wohnte, zumindest selten gewesen sein. Allerdings könnte eine Passage im Brief vom 20. Mai 1915 an Lou auf Anna und Otto von Fisenne hinweisen:

Die Leute, die mich eingeladen hatten, sprachen sehr gut französisch; und obwohl ich damals als Dichter überhaupt nicht bekannt war, gaben sie mir die Ehre, mich für einen Mann von Talent zu halten....

Otto von Fisenne und seine Frau Maria Antonie, geb. Schön, um 1895 (Helmut von Fisenne, Krayer Hof)

Die Einladung geschah dadurch, dass die Vicomtesse auf den auch ihrer Mutter Maria Hölterhoff gehörenden Krayer Hof fuhr und man sich mit den anderen Mitbesitzern und aktuellen Verwaltern, eben den von Fisenne, über die Nutzung der Räume verständigte. Demzufolge ist nicht klar, ob Apollinaire in seiner Erinnerung nach 14 Jahren mit dem obigen Passus den Milhauschen oder den Fisenneschen Teil der Hölterhoffs gesondert meinte. Allerdings scheint aus der Kontrastierung von Neu-Glück und Krayer Hof im Brief und der stärkeren Lokalisierung der *Einladenden* auf den Krayer Hof etwas mehr für die von Fisenne zu sprechen. Somit dürfte diese Passage möglicherweise die wirkliche Quelle für alle Weiterungen gewesen sein.

Weder Anna von Fisenne, die 1932 starb, noch ihr schon 1921 verstorbener Sohn konnten die Informationen an ihren Urenkel bzw. Enkel direkt weitergeben. Dr. Otto von Fisenne war 1932 zwei Jahre alt. Die mündliche Familientradition stammt also aus dritter Hand von Maria Antonie von Fisenne und Hans von Fisenne, seiner Großmutter und seinem Vater. Hierbei mögen sich Abrundungen und Ergänzungen ergeben haben.

Im folgenden werden einige den Krayer Hof betreffende Passagen des Aufsatzes von Marc Poupon in deutscher Übersetzung kommentiert. Es wird mit der Teil begonnen, der schon 1985 am meisten fraglich erschien.

Anna von Fisenne, um 1870
(Gisela Zervoulakos de la Forge, Köln)

[S.21] *August 1901 fand sich Apollinaire im Rheinland wieder, als einziger Mann unter fünf Frauen: seine Schülerin, die Mutter Élinor, die Großmutter Maria, die Großtante Anna und die Gouvernante Annie. Aus dieser Situation entstanden bald Konflikte. Da es keinen Chef der Familie gab, den man wirklich fürchten musste, widmete Apollinaire seit dem Herbst Annie viel Zeit und machte ihr den Hof, wobei er seine Schülerin Gabrielle vernachlässigte. Maria Hölterhoff, eine autoritäre und geizige Person, wollte die Idylle der beiden jungen Leute beenden und beschuldigte Wilhelm des Vertragsbruchs. Es gab heftige Szenen: sie hielt ihre Tochter an, Apollinaire zu Weihnachten zurückzuschicken, und erneuerte ihren Angriff nochmals im Februar. Anna von Fisenne verteidigte Wilhelm und nur ihr verdankte er es, ein volles Jahr bleiben zu können. Vor allem gab sie ihm das notwendige Geld für seine große Reise durch Deutschland, das Frau Hölterhoff verweigerte.*

Diese Passage mit ihren romanhaften Momenten ist durch keine irgendwie geartete Quelle belegt. Die Länge des Kontraktes von Apollinaire war von Anfang an unbestimmt. Zunächst war nur von einem kurzen Besuch in Deutschland die Rede, dann verlängerte sich der Aufenthalt der Hölterhoffs wegen der Probleme mit der angetretenen Erbschaft. Die Korrespondenz von

Apollinaire mit seiner Mutter und seinem Bruder gibt Zeugnis von der immer wieder geplanten und dann doch verschobenen Rückreise nach Paris[8]. Auch der Reisekostenzuschuss seitens der Vicomtesse ist dort besprochen. Anna von Fisenne konnte im Winter gar nicht bei den berichteten Streitigkeiten in Honnef dabei gewesen sein. Sie hat die Deutschlandreise nicht begleitet und dürfte keinen Grund gehabt haben, Apollinaire zu fördern. Was die Beziehung von Apollinaire zu Annie Playden angeht, lagen die Probleme im Verhältnis der beiden jungen Leute zueinander und nicht in einer Einwirkung von außen.

[S.22] *Anna von Fisenne fand Guillaume Apollinaire trotz seiner Fehler sympathisch. Sie erlaubte ihm, in ihrer Bibliothek in Krayer Hof zu stöbern. (Diese im Jahr 1950 zerstreute Bibliothek enthielt besonders die Werke von Eichendorff und Brentano, von denen sich Apollinaire inspirieren ließ.)*

Der Verkauf des landwirtschaftlichen Teils des Krayer Hofes samt der Burg im Jahre 1950 konnte eine etwa vorhandene Bibliothek nicht betreffen, da die Burg schon immer von den Pächtern bewohnt war, und die eigentliche Wohnstätte der von Fisenne, das einige hundert Meter davon entfernte sogenannte *Herrenhaus*, im Bestz der Familie verblieb. Die im Sommer 2001 vom Autor mit Hilfe von Helmut von Fisenne durchgeführte Bestandsaufnahme der dort vorhandenen Bücher ergab keine Werke der deutschen Literatur mit Publikationsdaten vor 1902. Anders als in der Bibliothek des Milhauschen Zweiges der Hölterhoff bei Frau Gisela Zervoulakos de la Forge in Köln[9] ist in Kray kaum etwas aus der Zeit um 1900 vorhanden. Da die Familienangehörigen alle weit entfernte Hauptwohnsitze besaßen, erscheint eine größere Bibliothek im selten benutzten Ferienhaus auch wenig wahrscheinlich.

[S. 22-23] *Eines Tages zeigte ihr Apollinaire ein Gedicht, es war* La Loreley, *und sagte ihr: „Ich werde es Ihnen widmen." Das war eine Äußerung guten Willens, die er aber nicht verwirklichte, da das Gedicht, wie man weiß, Jean Sève zugeeignet ist. Anna von Fisenne dachte, dass das Bild, das sie besaß und das die Loreley zeigte, Apollinaire zu dem Gedicht inspiriert hätte. Im Gegensatz zu Annie Playden wusste die von Apollinaire ins Vertrauen gezogene Anna von Fisenne, dass er ein Dichter war. Übrigens verfolgte sie aufmerksam seine Karriere. Hat sie Briefe mit ihm ausgetauscht? Wahrscheinlich nicht. Sie hatte aber ohne Zweifel über ihre Nichte Informationen über die Person des öffentlichen Lebens, die Apollinaire durch seine Rolle in der Avantgarde geworden war, und auch über die Geschichte zum Raub der Mona Lisa.*

Die Inspiration zu *La Loreley* kam eher von dem persönlichen Besuch von Bacharach und des Loreley-Felsens im Mai 1902 und dem Text von Clemens Brentanos Gedicht, den Apollinaire in eines seiner Tagebücher abschrieb, und der ihm als Grundlage der Übertragung gedient haben dürfte, als von einem heute nicht mehr nachzuweisenden Bild.

Annas Nichte Élinor hatte sich 1901-1902 sehr um Apollinaires Weiterbildung bemüht. Nach dem Ausscheiden von Apollinaire aus ihren Dienst aber hat sie, auch als sie wieder in Paris war, keinen irgendwie belegbaren Kontakt mit dem Dichter gehabt. Sie sah ihre Aufgabe an dem etwas schwierigen jungen Mann wohl als beendet an. Sicher war keinem verborgen geblieben, dass Apollinaire auf seinem Zimmer beständig schrieb, wie Annie Playden in ihrem Interview mit Francis Steegmüller 1963 belegt[10]. Weiterhin dürfte z. B. *Les Sapins* [Die Tannen] ein Gedicht sein, das er als seinen Beitrag zu Feier des Heiligen Abends 1901 in Honnef vorgetragen haben könnte. Auch *Les Femmes* [Die Frauen] dürfte zu dieser Kategorie gehören. Einige der Gedichte können Lehrstücke für Gabrielle gewesen sein. Dass aber Apollinaires Schreibtätigkeit, die ganz natürlich zur Funktion eines französischen Hauslehrers gehörte, eine besondere Bedeutung hatte, wird der Familie Hölterhoff kaum aufgegangen sein. Apollinaire hieß in Honnef und Krayer Hof mit seinem bürgerlichen Namen Wilhelm de Kostrowitzky. Auf diesen Namen stellte auch die Vicomtesse am 24. August 1902 in Neu-Glück ihr Zeugnis zum Dienstende aus. Bei den ihm Vertrauteren hieß er kurz Kostro. Seinen *nom de plume* begann er erst bei der Einsendung seiner Gedichte in der zweiten Hälfte des Rheinlandaufenthaltes zu benutzen, wovon aber keiner seiner Umgebung etwas mitbekommen haben dürfte. Annie Playden war bass erstaunt, als sie 1946 in Kalifornien durch einen Brief von Robert Goffin erfuhr, dass Kostro der berühmte französische Dichter Guillaume Apollinaire und sie die Muse seiner Liebesgedichte gewesen waren. Es ist anzunehmen, dass auch Anna von Fisenne die Identität des Hauslehrers ihrer Nichte mit dem großen Dichter erst spät wahrgenommen hat. Vor der Publikation von *Alcools* im Jahre 1913 war Apollinaire zudem nur der inneren Pariser Szene von Literaten und Künstlern bekannt.

[S. 23] *Als sie* [Anna von Fisenne] Alcools *las, machte sie die folgenden Bemerkungen: „Im Jahr 1901 an Allerheiligen besuchten wir alle den Friedhof des* [etwa drei Kilometer entfernten] *Dorfes Eich. In der Woche danach schrieb Apollinaire sein* Rhénane d'automne [Rheinisches Herbstlied]. *An einem anderen Tag führte uns eine Wanderung auf die Hohe Buche, einen Hügel, der hinter Namedy über dem Rhein liegt. Diese Exkursion inspirierte das Gedicht* Nuit rhénane [Rheinische Nacht].

Der etwa vier Kilometer entfernte Friedhof von Eich enthielt damals keine Gräber der Familie Hölterhoff, die den Anlass zu einem Besuch geboten hätten. Da die Vicomtesse und evtl. ihre Mutter Maria noch in der zweiten Oktoberhälfte bei einer Jagd auf Krayer Hof anwesend waren, dürfte ein weiterer Besuch zu Allerheiligen auch wenig wahrscheinlich sein. Es sei daran erinnert, dass nicht nur *Rhénane d'automne*, sondern auch *Nuit rhénane* von Apollinaire selbst nach Honnef lokalisiert sind.

[S. 23] Nuit rhénane, *das mag schon angehen, aber* Rhénane d'automne, *das Honnef, November 1901 datiert ist? Herr von Fisenne hat mir das Zeugnis seiner Urgroßmutter bestätigt: Regelmäßig jedes Jahr an Allerheiligen fand sich die ganze Familie im Krayer Hof ein, um zusammen zum Friedhof von Eich zu gehen, wo die sich Gräber der Hölterhoffs befinden.* Zigeuner ohne Papiere *ruhen tatsächlich auf dem Friedhof, auch die* Regierungsräte, *die nichts anderes als zwei Vorfahren der Familie Hölterhoff sind. Wenn man weiter nachdenkt, muss man sich sagen, dass das Bild der Familien, die sich zum Picknick niederlassen – und das Annie so sehr schockiert hat – und die Esel, die die Grabkränze auffressen, besser auf einen ländlichen Friedhof passen, als auf einen, der in voller Bebauung und nahe am Wasser liegt wie Honnef. Wenn man schon das, außer in dieser Periode, seltene Glück hat, dass ein Gedicht datiert ist, dann muss man sich allerdings doch fragen, ob es sich dabei um den Monat und den Ort handelt, an dem sein Erleben stattfand, oder um die der Komposition des Gedichtes.*

Diese Passage belegt Marc Poupons Umgang mit literaturhistorischen Quellen. Man muss nicht Karl Poppers Kriterien für das wissenschaftliche Arbeiten gelesen haben, um aufzumerken, wenn der Berichterstatter der Familientradition, Dr. Otto von Fisenne, gleichzeitig auch als unabhängiger Zeuge dafür zitiert wird. Jedem Apollinaire-Forscher ist das ungewöhnlich gute Gedächtnis des Dichters bekannt. Wider besseres Wissen gegen dessen eigenhändige Lokalisierung und Datierung anzugehen, ist schon so etwas wie eine *Sünde wider den Heiligen Geist*, die nicht vergeben werden kann. Die Datierungen Apollinaires sind für die rheinischen Gedichte häufig und beziehen sich ausnahmslos auf die Zeit und den Hauptort des Erlebens bzw. – bei gemischten Manuskripten - der Rahmenhandlung. *Rhénane d'automne* spielt, wie der Text selbst aussagt, an Allerseelen. Es vereinigt in der für Apollinaire typischen Textmischung Elemente eines Manuskriptes von Anfang Oktober über die Pfarrkirche von Bruchhausen bei Unkel und eine Beschreibung des 1832 aus der Innenstadt an die Peripherie verlegten sogenannten *Alten Friedhofs* von Honnef am Pompbeuel. Dieser befand sich damals noch weitgehend in der Umgebung von Obststreuwiesen, in denen auch um 1901 Esel die Tragedienste leisteten, übrigens auch bei dem damals noch blühenden Weinbau. Im Zentrum des Textes werden Bilder des Totentanzes von Bruchhausen und der Gräber im zentralen Teil des Honnefer Friedhofs zu einem neuen Totentanz komponiert[11]. Hier finden sich die Grabstellen der Bürgermeister (u.a. Clemens Adams), der Schiffer (Familie Rings), der Regierungsräte (Prengraeber u.a.). Die Zigeuner sind als fahrende Gaukler durch ein Photo dieser Zeit in Honnef belegt. In Eich, fern von den großen Straßen und den Städtchen der Rheinschiene, hätten sie nichts zu verdienen und damit nichts zu suchen gehabt. Auch hatte die Familie Hölterhoff damals keine Regierungsräte in ihren Reihen. Dafür liegen aber auf dem Honnefer Friedhof Otto und Elly Hölterhoff, Bruder und Schwägerin von Anna von Fisenne und Maria Hölterhoff.

Das bemerkenswerteste Denkmal ist hier das sprechende Kindergrab der Elisa Körfer von 1882, das Apollinaires Verse *Des enfants morts parlent quelquefois avec leur mère* [Tote Kinder sprechen manchmal mit ihrer Mutter] initiiert hat. Mag sein, dass die katholische Familie von Fisenne schon einmal zu Allerheiligen auf den Eicher Friedhof ging, mit Apollinaire und seinem Gedicht aber hat das nichts zu tun.

[S. 23-24] *Anna von Fisenne wurde allerdings durch die Gedichte nach 1907 aus der Fassung gebracht. Für sie waren das artifizielle Spielereien. Nach dem Krieg kaufte sie vom Maler Erich Wolfsfeld ein bisher noch nicht veröffentlichtes Porträt, das Apollinaire nach seiner Operation zeigt. Bis zum Tod von Anna von Fisenne konnten auf den Wänden von Krayer Hof ein Apollinaire mit Kopfbinde und eine Loreley mit wallendem Haar,* die ruhigen Blicke der ewigen Welle *nach Herzenslust miteinander austauschen.*

Weder das Bild der Loreley noch das Apollinaires sind heute vorhanden.

[S. 24] *Das Gut Krayer Hof scheint das Opfer einer Verwünschung gewesen zu sein, die ihm jede offizielle Existenz in Apollinaires Biographie versagt hat. Ich sehe drei Gründe dafür: der Schriftsteller zitiert das Rittergut nur in einem Brief in sehr vagen Ausdrücken*[12] *und in einer der* Anecdotiques, *ohne den Namen des Ortes anzugeben. Dabei begeht er einen vielleicht willentlichen Irrtum, so wie er immer Geständnisse über seine Vergangenheit mit einem Mysterium zu umkleiden sucht*[13]*: „Ich wurde auf ein Rittergut eingeladen [...] das sich auf dem linken Ufer des Rheins hinter Remagen im Ahrtal befindet."* [...] *Schließlich hatte Ernst Wolf nicht Neugier genug, um seine Nachforschungen im Rheinland bis nach Krayer Hof auszudehnen. Das ist wirklich schade, denn dabei hätte er Leute getroffen, die er suchte, die Verwandten von Frau von Milhau und Zeugen des Aufenthaltes von Apollinaire. Nun sind Anna von Fisenne und ihr Sohn tot und man kann nur noch sammeln, was sie ihren Nachkommen in zufälliger Unterhaltung gesagt haben.*

Im Brief vom 19. Oktober 1901 ist der Name des Krayer Hofs in der Absenderadresse klar genannt. Konsequenzen aus dem selbst formulierten Befund der dürftigen Traditionsweitergabe zieht Marc Poupon als Literaturwissenschaftler nicht.

[S. 25] *der Südwestflügel* [...] *ist viel kürzer. Er hat seine Zugbrücke verloren, seitdem die Gräben zugeschüttet wurden; oberhalb des Tors und unter der achteckigen barocken Haube, gibt ein kleines Fenster sein spärliches Licht einem Raum, den die Leute der Umgebung noch das* Zimmer des Dichters *nennen. Apollinaire soll auf seinen eigenen Wunsch hin in einem einzelnen Zimmer gewohnt haben, kalt im Winter und wenig bequem; wenn die Familie Milhau nach Krayer Hof kam, verbrachte er ganze Tage angezogen in seinem Bett und schrieb oder las.*

Auch hier vermischen sich wieder Wahrheit und Dichtung. Die Besitzer wohnten in dem schon oben erwähnten *Herrenhaus*. Das ist ein klassizistischer Bau aus der Mitte des 19. Jahrhunderts auf einer Anhöhe westlich der alten Burg. Die Größe des *Herrenhauses* widerspricht seinem Namen, so dass es bei Familienzusammenkünften schon schwergefallen sein dürfte, alle halbwegs komfortabel darin unterzubringen. Deshalb hat man Apollinaire möglicherweise an einer anderen Stelle des Hofkomplexes einquartiert. Die Zuweisung des Zimmers im Südwestturm der Burg über dem Torbogen stellt dabei keine so schlechte Lösung dar. Dass er hier aber tagelang bekleidet im Bett gelegen hätte, ist bei den kurzen Besuchen, der Neugier Apollinaires und seinem daraus erwachsenden Wanderdrang, aber auch wegen seiner Dienstverpflichtungen als Hauslehrer und *Wagenknecht* wenig wahrscheinlich. Ferner sind im Winter keine Besuche in Krayer Hof belegt. Sie sind für eine Sommerferien- und Jagd-Dependance auch kaum anzunehmen.

Als Fazit der kritischen Durchsicht einiger Passagen ergibt sich: Der Aufsatz von Marc Poupon ist flüssig geschrieben und führt in die 1968 bekannten wesentlichen Orte Apollinaires im Rheinland auf interessante Weise ein. Man wird ihm nur gram, wenn man seine Positionierung in einem renommierten Organ der Literaturforschung für bare Münze nimmt und nicht bedenkt, dass es sich hier eher um eine Erzählung oder um einen literarischen Essay handelt.

Im *Herrenhaus* wird Helmut von Fisenne, der es zur Zeit regelmäßig bewohnt, im Umfeld der 100-Jahrfeiern zu Apollinaires Rheinaufenthalt im Sommer 2002 eine private Ausstellung einrichten, in dem neben Informationen zu Apollinaire auch die Geschichte von Krayer Hof dargestellt werden soll.

---

1 Marc Poupon: *L'Année allemande d'Apollinaire*. In: *Guillaume Apollinaire 7, Revue des Lettres Modernes 4* (1968) 10-45; bes. 22-24.

2 Ernst Wolf: *Guillaume Apollinaire und das Rheinland*. Diss. Univ. Bonn 1937. Neuausgabe, Eberhard Leube (Hrsg.), (Bonner Romanistische Studien, Bd. 27), Frankfurt am Main/Bern/ New York/Paris: Lang, 1988.

3 J. Eltzbacher: *Apollinaire und das Rheinland*. In: *Das Buch. Nachrichtenblatt für Kultur und Wissenschaft aus Frankreich 1*. V, (15. Juli 1949), 5-9.

4 R. Warnier: *Guillaume Apollinaire et L'Allemagne*. 1954.

5 Kurt Roessler: *Rheingedichte von Guillaume Apollinaire. Zum Aufenthalt des bedeutendsten Dichters der französischen Moderne in Bad Honnef 1901-1902*. (Katalog einer Ausstellung im Rathaus Bad Honnef, 2.-19. Dezember 1986), Bornheim: Roessler, 1986.

6 Werner Heinen: *Die Insel. Geschichte einer Kindheit*. Bonn: Bonner Buchgemeinde, 1953, 210-237.

7 Kurt Roessler: *Mit Élinor Vicomtesse de Milhau zum Rhein*. In: *Sieben Berge schliefen wie Tiere Müde vom Wachen über Legenden. Der Dichter Guillaume*

Apollinaire am Rhein 1901-1902. Kurt Roessler, Elmar Scheuren (Hrsg.), Bornheim: Roessler, 2001, 19-38; Helmut von Fisenne: *Die Hölterhoffs, eine Familie des Kölner Großbürgertums.* In: Köln im Werk von Guillaume Apollinaire. Kurt Roessler (Hrsg.), Bornheim: Roessler, 2002, 17-31.

8 *Guillaume Apollinaire. Correspondance avec son frère et sa mère.* Gilbert Boudar, Michel Décaudin (Hrsg.), Paris: Corti, 1987.

9 Kurt Roessler: *Die Bibliothek der Familie Hölterhoff in Köln.* Manuskript 2001; Publikation ist vorgesehen.

10 Francis Steegmüller: *A visit at Annie's.* In: New York Times, September 21th 1963; *Une visite chez Annie.* In: *Guillaume Apollinaire 3.* (Revue des Lettres Modernes, 85/86), Paris: Minard, 1963, 131-140.

11 Kurt Roessler: *Der rheinische Dichter Guillaume Apolllinaire 1901-1902. I. Unkel und Umgebung.* Bornheim: Roessler, 2000, 23-45; Kurt Roessler: *Der alte Friedhof in Honnef und der Totentanz in Bruchhausen.* In: *Sieben Berge schliefen wie Tiere Müde vom Wachen über Legenden. Der Dichter Guillaume Apollinaire am Rhein 1901-1902.* Kurt Roessler, Elmar Scheuren (Hrsg.), Bornheim: Roessler, 2001, 147-160.

12 Apollinaire 1987, 30.

13 *La Vie anecdotique.* 1er août 1915; *Apollinaire. Œuvres en prose complètes III.* Pierre Caizergues, Michel Décaudin (Hrsg.), Paris: Gallimard, 1993, 221-223.

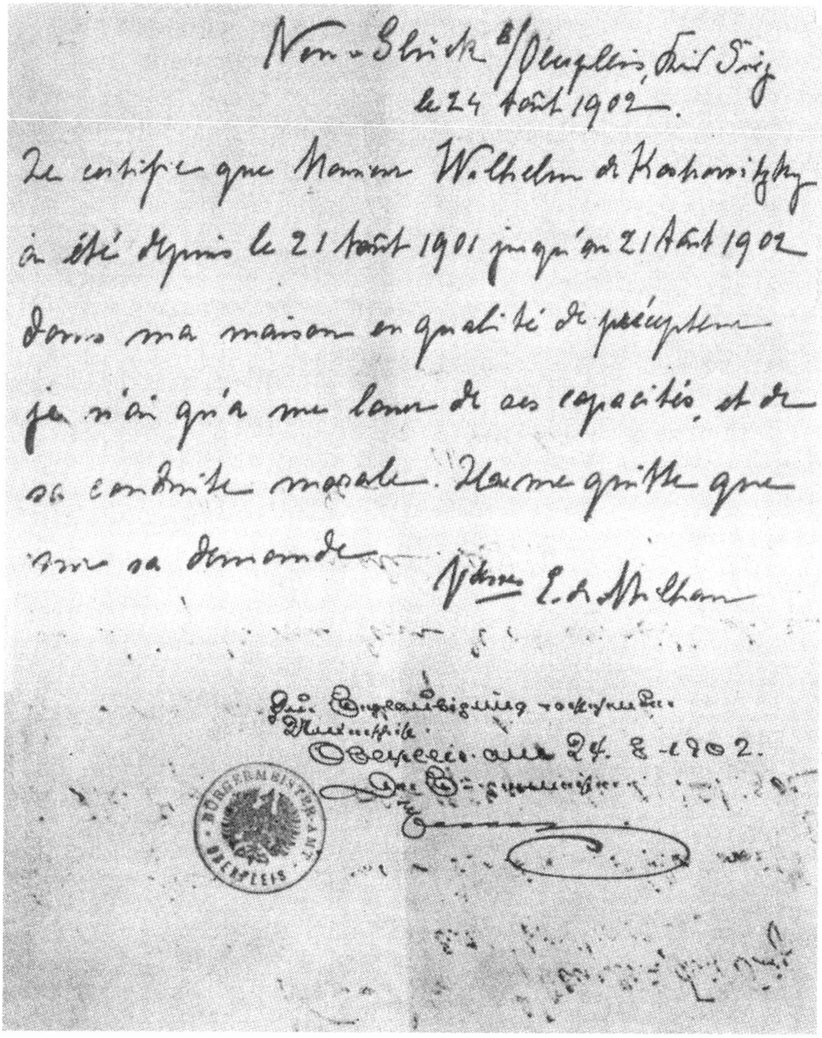
Neu-Glück b/Oberpleis, Kreis Sieg
le 24 Août 1902.

Je certifie que Monsieur Wilhelm de Kostrowitzky a été depuis le 21 Août 1901 jusqu'au 21 Août 1902 dans ma maison en qualité de précepteur je n'ai qu'à me louer de ses capacités et de sa conduite morale. Il ne me quitte que sur sa demande.

Vicomtesse E. de Milhau

Oberpleis, am 24. 8. 1902.

Arbeitszeugnis der Vicomtesse für Wilhelm de Kostrowitzky am 24. August 1902
(Bibliothèque Nationale de France, Paris; Album Apollinaire)

Apollinaire, l'abbaye de Maria Laach et la langue allemande

Michel Décaudin

Au milieu du mois d'octobre 1901 Apollinaire a accompagné Madame de Milhau, née Hölterhoff, chez qui, rappelons-le, il réside comme précepteur de français de sa fille, pour un voyage d'une semaine dans les environs de Honnef. On s'est notamment arrêté à Krayer Hof, qui est une propriété de la famille. C'est de là que notre poète, bon marcheur, est allé à pied jusqu'au couvent de Maria Laach. Il en fait une brève description dans une lettre qu'il envoie à sa mère et son frère le 19 octobre, puis précise:

Le jour que j'y fus, un dimanche, le prieur Dom Benzler venait d'être fait évêque de Metz. Il est resté en prières toute la journée, ce qui a fait que je n'ai pu entrer au couvent proprement dit.

Le souvenir de cette visite lui revint en 1915 à la lecture d'un numéro du journal *Le Temps* daté du 12 mai où on annonçait que l'évêque de Metz, qui était toujours Dom Benzler, avait interdit dans sa diocèse le culte de dulie que la béatification de Jeanne d'Arc permettait de lui rendre. À Lou il écrit le 20 mai et fait un récit plus détaillé qu'en octobre 1901. Il l'agrémente d'abord d'une légende, celle d'un autre couvent, l'abbaye de Heisterbach, dont le jeune moine qui était parti ramasser du bois, ne revint qu'un siècle plus tard. Il explique aussi ce qu'est un Rittergut: «*propriété foncière à laquelle est attaché le titre de chevalier*». Puis il raconte son expédition:

On me donna une lettre d'introduction pour l'abbé du couvent qui s'appelait Benzler. Je partis un matin, guidé à travers la forêt par un jeune paysan rhénan qui ne parlait que du plat allemand. En route la pluie nous surprit et c'est trempé que j'arrivai à Maria Laach où le portier du couvent, ne comprenant rien au peu d'allemand que je savais et dont je tentais de me servir, s'obstinait à me prendre pour le boulanger: «Sie sind der Bäcker» me répétait-il. Finalement, quand je lui eus montré ma lettre, il comprit et il me fit comprendre que l'abbé venait d'être appelé au siège épiscopal de Metz et qu'il ne pourrait me recevoir, car il se préparait à se rendre dans son diocèse et que même il partirait dans une heure à peine.

Je le vis à son départ et lui remis ma lettre. Il me dit qu'il s'intéressait à la littérature moderne française, surtout à la poésie, et qu'il était heureux de devenir le pasteur spirituel d'une province qui avait fourni à la France sa plus grande, sa plus poétique héroïne: «Laquelle, ajouta-t-il, n'a été dignement chantée que par le grand poète allemand Schiller.» Il me donna en outre une médaille, que j'ai perdue, et qui représentait, je crois, saint Benoît.

Il reprendra cette histoire dans des termes analogues, à quelques détails près, pour une *Vie anecdotique* qui paraîtra dans le *Mercure de France* du 1er août 1915. Ce double usage d'un même texte à des fins différentes, en l'occurrence une lettre d'une part et une chronique de l'autre ne doit pas nous surprendre: Apollinaire est coutumier de ce procédé, qu'il utilise avec remarquable discernement: nul n'est plus adroit que lui dans le réemploi des textes par ce qu'on pourrait appeler une technique de *dispatching*.

Digne d'attention est également son souci de la précision. La définition du Rittergut qu'il a donnée à Lou est reprise mot pour mot dans l'article du *Mercure*, mais atténuée par un «*je crois*». Et, le 25 octobre encore, près de trois mois après cette publication et alors que son unité vient d'être sérieusement engagée pendant plusieurs semaines, il éprouve le besoin d'y revenir dans une lettre à Madeleine Pagès:

Amour, je mets ici une petite remarque autant pour moi que pour toi, dans ma dernière vie anecdotique je citais le mot allemand Rittergut, *ajoutant qu'il signifie, je crois, un domaine auquel était attaché le titre de chevalier, c'était tout simplement une terre noble que ne pouvaient acquérir les vilains. C'est le baron de Steni qui obtint cette faveur de Frédéric-Guillaume quand il fit abolir le servage.*

Doit-il cette information à un lecteur? Ou par quel autre moyen l'aurait-il trouvée, alors qu'il était sur le front? Peu importe au fond, l'essentiel étant ce souci d'exactitude sur une question en fin de compte bien mineure.

On peut enfin s'étonner qu'il n'ait pas relaté à sa mère et à son frère le malentendu pittoresque avec le portier. La raison en est simple. Un des motifs, sans doute le principal, qui ont poussée Mme de Kostrowitzky à accepter que son fils parte pour l'Allemagne en août 1901 était qu'il pourrait se perfectionner dans la langue qu'il avait apprise au collège. Elle l'incite à aller à l'école, ce qu'il fera pendant peu de temps, assez pourtant pour sympathiser avec l'instituteur de Bennerscheid. Elle ne cesse d'insister dans ses lettres ou charge son second fils, Albert, de le faire. Dès le 4 septembre (il vient à peine d'arriver): «*Maman te fait dire* [...] *de bien apprendre allemand* [...]». Le 21 septembre:

[...] *je veux que tu lises les journaux allemands ce sera le seul moyen d'apprendre la langue; je te conseille de profiter de ce voyage et que lorsque tu arriveras ici tu saches parler allemand comme un vrai allemand.*

Le 1er octobre: «*Est-ce que tu parles déjà mieux l'allemand?*». Le 5 novembre: «*Parles-tu bien allemand maintenant?*».

Notre Wilhem se garde de répondre à ces questions pressantes, au moins jusqu'au 13 novembre où, apparemment exédé, il répond de Honnef assez sèchement à sa mère:

Je ne vais pas à l'école ici et je n'y allais pas souvent à Neu Glück non plus sauf au commencement.
Je ne peux pas vous dire que je parle très bien l'Allemand encore mais je sais déjà fort convenablement m'expliquer. Il y a ici en Allemagne même et c'est reconnu pas tous les Allemands, très peu d'Allemands qui parlent correctement leur langue.

Et, une fois cette affaire réglée en un tour de main, il enchaîne sur un fait d'actualité, la mort de l'homme politique chinois Li Hung Chang pour dire qu'il avait habité au pied du Drachenfels.

Il n'empêche. On ne vit pas un an dans un pays sans acquérir une certaine familiarité avec la langue. Plusieurs témoignages, notamment celui de Mme Macke qui le reçut avec Delaunay lors de leur retour de Berlin en janvier 1913, attestent qu'il était devenu parfaitement capable de soutenir une conversation.

Annie Playden in den Jahren 1901 bis 1902
(Robert Goffin: *Entrer en poésie*, 1948.)

Als Guillaume noch Wilhelm war -

Apollinaire und die deutsche Sprache*

Gerhard Dörr

Kein anderer Zeitpunkt als die 100-Jahrfeier bietet sich besser an, um über ein bisher wenig erforschtes Gebiet zu sprechen: die Kenntnis, ja die Beherrschung der deutschen Sprache durch Wilhelm von Kostrowitzky. In welchem Maße verstand er Deutsch und konnte er sich in dieser Sprache ausdrücken? Sprach er so schlecht, wie es ihm Marc Poupon in seinem Aufsatz *L'Année allemande d'Apollinaire* unterschiebt, allerdings ohne irgendeinen Beweis anzuführen. Die vorgelegte Untersuchung beschränkt sich auf Dokumente und lässt das eigentliche literarische Werk beiseite, ein Gebiet das noch der Bearbeitung harrt.

Niemand zweifelt heute daran, dass das deutsche Jahr entscheidend für die Entwicklung des zukünftigen Poeten gewesen ist. Michel Décaudin hat das wie folgt formuliert: „*In Deutschland hat Apollinaire sein poetisches Universum geschmiedet und die Art und Weise seines Ausdrucks*“[1]. Der junge Dichter wählte natürlich im ersten Ansatz die französische Sprache, aber sein poetisches Universum ist zum großen Teil durch das gekennzeichnet, was man *das deutsche Material* nennt. Wie kann man eine Tür öffnen und in dieses Material eindringen, wenn nicht über die dazugehörige Sprache? Wieweit hat Apollinaire Zugang zur deutschen Kultur und was sind die sprachlichen Mittel, über die er verfügt?

Den ersten Kontakt Apollinaires mit der deutschen Sprache findet in einem Kontext statt, den man nicht mehr einsehen kann: Wenn auch die Hebamme dem zukünftigen Apollinaire vor dem Standesbeamten in Rom die Vornamen Guglielmo Alberto gegeben hat, und die Mutter, als sie das Kind zwei Monate später vor dem Gesetz anerkannte, noch drei Vornamen hinzufügte: Wladimiro, Alexandro, Apollinare, ebenso wie ihren eigenen Namen de Kostrowitzky – es bleibt die Tatsache des in der Familie allein üblichen Vornamens: Wilhelm! Weder in Italien, noch in Monaco oder in Frankreich wurde der zukünftige Dichter von den Seinen jemals Guglielmo oder Guillaume gerufen. Er bleibt für sie Wilhelm bis zum Ende seiner Tage, wie die Korrespondenz mit seiner Mutter und seinem Bruder belegt[2].

Wir kennen die Reaktionen Apollinaires nicht, darauf dass er im Schoß der Familie immer *Wilhelm* bleibt. Aber wir wissen von Pierre Caizergues, dass sich Wilhelm de Kostrowitzky, seitdem er sechzehn wurde, von dem ihm Auferlegten freimacht, indem er seine Gedichte mit *Guillaume Apollinaire* signiert; Gedichte übrigens, die erst nach seinem Tod erscheinen. Noch eine Bemerkung zur Wahl des Vornamens Wilhelm von Michel Butor[3]:

Seine Mutter [O.d.K.] *zeigte eine sehr große Bewunderung für den deutschen Kaiser, daher hat der junge Kostrowitzky diesen Vornamen erhalten.*

Das ist eine Hypothese, die mangels weiterer Beweise nicht ganz überzeugen kann.

Olga de Kostrowitzky, die Mutter Apollinaires, im Jahre 1899
(Album Apollinaire)

Die erste Berührung mit der deutschen Sprache fällt in die Schulzeit Apollinaires. 1888 tritt er in das Collège Saint-Charles in Monaco ein und verlässt es 1895 in der Dritten, als die Schule schließen muss. Zu dieser Zeit nahmen die klassischen Sprachen die Hälfte des Lehrplans ein, von der Sechsten bis zur Rhetorik. Demgegenüber nahmen die anderen Fächer, darunter die lebenden Sprachen, einen geringeren Rang ein. 1891, in der Siebten, führte das Preisträgerverzeichnis zwölf Mal den Namen Wilhelm de Kostrowitzky auf. Darunter war auch ein Preis für Deutsch. 1892, in der Sechsten, erhält er unter anderem den ersten Preis für Deutsch. Im nächsten Jahr musste sich das Interesse an Deutsch verringern, weil Griechisch begann. In der letzten Klasse im Collège erhielt er immerhin noch einen Nebenpreis für Deutsch.

Wie die Auszeichnungen belegen, hat er damals eine gute Kenntnis der deutschen Sprache erlangt. Er konnte sie sicher gut lesen, übersetzen, ausgewählte Stücke vortragen, allerdings ohne sie fließend zu sprechen. Das war auch nicht das Ziel des Unterrichts. Die beiden folgenden Jahre zeigen wenig Kontinuität: einige Monate im Collège Stanislaus in Cannes in der Zweiten und im Lyzeum Masséna in Nizza in der Rhethorik-Klasse, wo er 1897 das Abitur nicht ablegte.

Es folgten Jahre des Herumlebens, des ungeordneten Lesens von Schriften aller Art, wobei man kaum sagen kann, was davon deutsche Literatur gewesen wäre. Ein fernes Echo der Schulzeit kann man möglicherweise in einer ersten Version des *Poète assassiné* in der Passage finden, in der der geistige Mentor Janssen den jungen Dichter Croniamantal unterrichtet[4]:

[Er lehrte] *auch die deutsche Sprache und nachdem er mich mit Goethe und Schiller vertraut gemacht hatte, legte er die volkstümlichen Ausgaben von Simrock in meine Hände und lud mich zum Studium der alten deutschen Literatur ein.*

Wenn Goethe und Schiller eine ferne Erinnerung an den schulischen Lehrstoff sind, ist die Kenntnis von Simrocks Werken, von denen das *Altdeutsche Lesebuch* und das *Nibelungenlied* in der Bibliothek Apollinaires zu finden sind[5], eine Frucht späterer Lektüre der rheinischen Periode.

Von der Zeit nach seinen Erlebnissen in Stavelot und der Rückkehr nach Paris Ende 1899 weiß man dank der in den Jahren 1900 und 1901 benutzten Notizbücher, dass Apollinaire in der Bibliothèque nationale und der Bibliothèque Mazarine auch vor seinem Deutschlandaufenthalt gelegentlich deutsche Literatur gelesen hat. Auch während des deutschen Jahres bezeugen viele Eintragungen in Notiz- und Tagebücher, dass er etwa in Bonn und München beständig in deutschsprachigen Büchern stöberte und oft Texte kopierte, darunter kurze Passagen aus Theaterstücken u.a. von Gerhard Hauptmann, Teile der *Carmina Burana*, die *Loreley* von Clemens Brentano und die *Sitten und Bräuche der Südslaven* von Dr. Friedrich Kraus, die in den ersten sechs Bänden der Kryptadia, einer Sammlung der europäischen erotischen Folklore, erschienen und viele Elemente seiner Erzählungen *L'Otmika* und *L'Albanais* geliefert haben. Dies ist aber noch Lesen, Verstehen, Abschreiben, aber noch nicht der Einstieg in die gesprochene Sprache.

Im Mai 1901 wurde Apollinaire der Vicomtesse de Milhau vorgestellt und anschließend als Französischlehrer für die neunjährige Tochter Gabrielle angestellt. Er war damals weit davon entfernt, sich vorstellen zu können, dass er drei Monate später in Deutschland sein und ein ganzes Jahr dort zubringen würde. Sein sprachliches deutsches Gepäck hatte ihm bereits gedient, aber dort erwartete ihn ein anderes Problem: eine gesprochene Sprache zu verstehen und sich in ihr ausdrücken zu können.

Mit der *Correspondance avec son frère et sa mère* haben wir bei aller Unvollständigkeit eine kostbare Urkundenquelle, vor allem für das deutsche Jahr. Man findet hier nur wenig Briefe von Apollinaire, aber viele Postkarten in einem im allgemeinen lakonischen Ton. Dagegen schreiben die Mutter und der Bruder lange Briefe, in denen wie in einem Duett die Vorhaltungen der Mutter oft von dem jüngeren Bruder wieder aufgenommen werden. In einem ersten Brief an Wilhelm vom 4. September 1901 macht sich Albert zum Sprachrohr der Mutter:

Mama lässt dir sagen [...] *gut Deutsch zu lernen, nicht zu spät schlafen zu gehen, nicht zu viel zu trinken* [...]

Die Antwort ist am 7. September eine Karte in Deutsch und in gotischer Schrift:

Ich bin gestern nach Köln gefahren. Ich warte doch eine Antwort. Ich küsse sie. Wilhelm. Neu Glück bei Oberpleis Kreis Sieg Allemagne

Das ist schon fast richtig, außer dem *doch*, wo eigentlich ein *noch* stehen sollte, und dem unkorrekten Gebrauch des Transitiv des Zeitwortes *warten*. Am 10. September schließt er mit einem halb französischen, halb deutschen Satz:

Alles ist furchtbar theuer hier et le linge surtout. Ich küsse sie. Wilhelm

Am 15. September 1901 schreibt er von Neu-Glück einen Brief an die Herausgeber der Zeitschrift *La Grande France*:

Ich gehe oft zur nahegelegenen gemischten Grundschule. Die Mädchen und die Jungen sind sehr fortgeschritten.

Was hat ein junger Mann von 21 Jahren in einer Grundschule zu suchen? Nun, er konnte zuhören, wie man spricht, wobei die Fehler sofort korrigiert wurden. Er befand sich in einem pädagogischem Milieu, ohne die letzten Konsequenzen daraus ziehen zu müssen. Wir wissen übrigens auch, dass sich Apollinaire bereits seit seiner Ankunft mit dem Schullehrer angefreundet hat, was seine dortige Anwesenheit erleichtern musste. Aber das Experiment dauert nicht lange, weil um den 10. Oktober herum der Umzug der Familie de Milhau-Hölterhoff in die ererbte Villa Hölterhoff in Honnef die ständige Anwesenheit in Bennerscheid beendet. Am 5. November fragt Albert: „*Gehst du auch in Honnef zur Schule?*" und der Bruder antwortet am 13. November:

Ich gehe hier nicht zur Schule und bin auch in Neu-Glück nicht oft gegangen, außer zu Anfang.

Mit dem oben bereits zitierten Brief vom 4. September 1901 beginnt ein Ballspiel von Fragen und Antworten – allerdings mehr Fragen – zum Thema seiner Kenntnisse der deutschen Sprache. Seine Mutter schreibt am 21. September:

Ich habe dir in einem Paket einige Zeitungen geschickt, aber ich werde dir keine weiteren mehr senden, weil ich möchte, dass du die deutschen Zeitungen liest. Das ist der einzige Weg, die Sprache zu lernen; ich rate dir, diese Reise zu nutzen, so dass du bei deiner Rückkehr Deutsch sprichst, wie ein echter Deutscher. Ich bitte dich, dich nicht an das starke Biertrinken zu gewöhnen, wie die Bewohner dieses Landes, und trinke keinen Schnaps!

Am 1. Oktober hakt sie nach: „*Sprichst du jetzt schon besser Deutsch?*" Am 5. November fragt auch der Bruder: „*Sprichst du jetzt gut Deutsch?*" Ein nicht mehr erhaltener Brief vom 9. November dürfte die Frage wiederholt haben, denn Apollinaire findet in seinem Brief vom 13. November die schöne Formel:

Ich kann euch nicht sagen, dass ich Deutsch sehr gut spreche, aber ich kann mich schon ganz vernünftig ausdrücken.

Und um jede weitere Debatte zu unterbinden, fügt er hinzu:

Es gibt hier in Deutschland, und das wird von allen Deutschen bestätigt, wenig Deutsche, die ihre Sprache korrekt sprechen.

Das ist nun ein wohlerwogener Satz. Und Madame de Kostrowitzky kommt am 25. Februar auch nur noch einmal auf dieses Thema zurück, als sich ihr Sohn bereits in Berlin befindet:

Ich habe nicht so richtig verstanden, was du mir in einen Brief gesagt hast, dass ich nicht glauben soll, dass du gut Deutsch sprichst. Nachdem du erste Schritte im Deutschen gemacht hast, es ein wenig verstanden hast, wie kannst du nach 6 Monaten mir kein Deutsch gelernt haben?? Entweder bist du blöd, oder du hast nur Französisch gelesen und gesprochen. Eine der Gründe, und übrigens der wichtigste, wegen dem ich dich habe ziehen lassen, war, dass du wiederkommst und gut Deutsch sprichst!

Man hat den Eindruck, dass Madame de Kostrowitzky von der Idee besessen ist, dass ihr Sohn die Gelegenheiten verpassen könnte, die ihm der Aufenthalt in Deutschland bot. War der Zorn echt, oder nur gespielt, um ihren Sohn anzutreiben, Fortschritte in der Sprache zu machen? Wenn echt, dann wäre er ungerechtfertigt, denn schon der Brief vom 13. November bringt, was seine Mutter eigentlich hören wollte, dass er Deutsch sprechen konnte.

Ein einziges Mal wird das Thema des Deutschen in der Familienkorrespondenz noch erwähnt, in einer Postkarte Apollinaires aus München vom 17. März 1902:

Ich glaube, ich werde einige Tage in München bleiben, wo das Bier so wenig kostet, das ist das Athen Deutschlands [...] *Österreich ist ein sehr schönes Land, aber zu teuer für mich* [...] *Man spricht hier ein schreckliches Deutsch, das mit Italienisch gemischt ist.*

Durch diese Bemerkung, dass das österreichische Deutsch nicht der Norm entspricht, weist ihm Apollinaire einen minderen Rang zu. Dies geschieht als Folge eines Gefühls für die Ästhetik der Sprache, die er sich in den vorangegangenen Monaten erworben hat. Obwohl in diesem Aufsatz das literarische Werk nicht herangezogen werden soll, sei hier doch nur ganz allgemein auf ähnliche Ausführungen in der im November 1902 veröffentlichten Erzählung *La Rose de Hildesheim* zur Sprache der Titelheldin Ilse und zum Hannoveranischen Dialekt hingewiesen; Kenntnisse, die er sich während der Deutschlandreise an Ort und Stelle erworben hat[6]. Apollinaire entwickelte sich während seines Aufenthaltes stetig; der Schüler wird Kenner und Kritiker der deutschen Sprache. Die Romane und Erzählungen, sowie die journalistischen Arbeiten zeigen diese Meisterschaft mehr als nur ein Mal.

Wie konnte er sich diese Kenntnisse erwerben? Seit seiner Ankunft in Deutschland suchte der junge Mann den Kontakt zu den anderen Deutschen außerhalb der Familie de Milhau-Hölterhoff. Obwohl diese deutschen Ursprungs war und in ihr Heimatland zurückgekehrte, führte Élinor Vicomtesse de Milhau ihr Leben *à la française* weiter. Die Einheimischen bemerkten das wohl und nannten sie *die französische Gräfin*. So bestand sie auch darauf, dass man in der Familie Französisch sprach. Es gab aber hier das Problem mit Annie Playden, der englischen Gouvernante und Apollinaires großer Liebe. Wie unterhielt er und die Familie sich mit ihr? In einem Brief an Robert Goffin schreibt Annie Playden im Jahre 1947[7]:

Die Sprache trennte uns; wenn ich fähig gewesen wäre, Französisch so leicht zu verstehen und zu sprechen wie Englisch, wäre die Geschichte anders verlaufen, obwohl wir uns manchmal ganz gut verstanden.

Von der Sprache her gesehen, waren beide Gefangene der Milhaus und hatten keine Möglichkeit, sich durch eine dritte Sprache zu befreien, die deutsche.

Annie Playdon und Guillaume Apollinaire im Februar 1902 in Berlin
(Album Apollinaire)

Um zu zeigen, wie wenig Zeit es für Apollinaire bedurfte, um zu jemand Kontakt aufzunehmen, sei auf das Beispiel von Carl Rehrmann hingewiesen. Apollinaire kommt mit der Vicomtesse de Milhau um den 29. August 1901 in der Villa Neu-Glück an. In seinem ersten Brief an seine Mutter vom 1. September, der verloren gegangen ist, muss er bereits über den Lehrer von Bennerscheid gesprochen haben. Denn als dieser mit Apollinaire am 3. September auf den Drachenfels steigt, unterschreibt er ebenfalls eine Postkarte nach Paris. Dieser nimmt ihn am 9. Oktober mit zu seiner Familie nach Düsseldorf und besucht sogar das Theater mit ihm. Obwohl der Lehrer die Postkarte, die

Apollinaire aus Düsseldorf seiner Mutter schickt, mit *Charles Rehrmann* unterschreibt, muss man davon ausgehen, dass er nur wenig, wenn überhaupt Französisch sprach. Apollinaire war also gezwungen, mit ihm Deutsch zu sprechen und Rehrmann half ihm bei den ersten Schritten im neuen Milieu.

Einen ähnlichen Fall findet man bei Johannes Dahs, Sohn eines einfachen Pächters in Bennerscheid, mit dem Apollinaire auch Freundschaft schloss. Sie gehen zusammen in die Kneipen der Umgebung und fanden sich nach langen Abenden manchmal am Morgen zusammen im Graben wieder. Als Ernst Wolf in den dreißiger Jahren die Orte Apollinaires im Rheinland zu erforschen begann, stieß er auf Johannes Dahs. Dieser zeigte Wolf drei Postkarten von Apollinaire aus den Jahren 1903 und 1904 in deutscher Sprache und Schrift, die er sorgsam bewahrt hatte. In diesem Moment wird Dahs der wichtigste Zeuge für die deutschen Sprachkenntnisse des kommenden Dichters[8]:

Ich [Ernst Wolf] *fragte Herrn Dahs, was Apollinaire von der deutschen Sprache wusste, in der er diese Karten geschrieben hatte. Es scheint, dass er bei seiner Ankunft nicht ein einziges Wort wusste, aber er machte Fortschritte und konnte sich schließlich sehr gut in Deutsch unterhalten.*

Während des Internationalen Kolloquiums *Guillaume Apollinaire - der Rhein - Deutschland* im August 2001 in Bad Honnef wurde in der Diskussion darauf hingewiesen, dass die Bemerkung *kein einziges Wort* sicher übertrieben war, denn sonst hätte Apollinaire erst gar keinen Kontakt zu dem Lehrer und dem Bauernburschen herstellen können.

Es gab aber auch Momente, in denen Apollinaire zugab, dass er Schwierigkeiten hatte, verstanden zu werden. In einem Brief an Lou vom 20. Mai 1915 und einem daraus fast wörtlich entnommenen Zeitbild der Serie *La Vie anecdotique* im *Mercure de France* vom 1. August 1915 schrieb er über einen Besuch in Maria Laach am 6. Oktober 1901[9]:

Unterwegs überraschte uns der Regen und ich kam völlig durchnässt in Maria Laach an. Dort verstand der Pförtner des Klosters das wenige Deutsch nicht, das ich konnte und dessen ich mich ungeschickt versuchte zu bedienen, und hielt mich hartnäckig für den Bäcker. „Sie sind doch der Bäcker." wiederholte er mehrmals.

Es waren aber erst knapp sechs Wochen seit der Ankunft im Rheinland vergangen und die Verwechslung mit dem Bäcker aus dem Örtchen hat das sprachliche Missverständnis verstärkt.

Unter dem Titel Staatsoberhäupter lesen wir in derselben Zeitschrift einen Text, der im Teil im Mai-Juni 1902 spielt[10]:

In Honnef, an den Ufern des Rheins, habe ich manchmal mit der Königin von Schweden und Norwegen gesprochen [Sie wohnte in der der Villa Hölterhoff benachbarten Villa Schaaffhausen.] *Dort habe ich auch den König Oscar gesehen* [...] *Man gab ein Fest, auf dem er im Freien eine Ansprache hielt, die sehr gelobt wurde. Alle lachten und auch der König lachte zu jedermann; ich konnte aber nicht genug Deutsch, um zu verstehen, was er sagte.*

Nun, dem Vortrag eines Königs von Schweden in Deutsch zu folgen, dazu im Freien ohne die heutigen Mittel der Verstärkung, wäre auch für jemand schwierig gewesen, dessen Muttersprache das Deutsche war. Man muss dieses *nicht genug Deutsch* auf sein richtiges Maß zurückführen.

Es gab im Leben von Wilhelm de Kostrowitzky, als er dann definitiv Guillaume Apollinaire geworden war, einen andere Gelegenheit, bei der sich seine gute Kenntnis der deutschen Sprache klar manifestierte. Im Januar 1913 war er von neuem und zum letzten Mal in Berlin. Eingeladen von Herwarth Walden und begleitet von Robert Delaunay verbrachte er hier einige Tage, um einen Vortrag zu halten. Walden, der Gründer und Leiter der expressionistischen Kunstzeitung *DER STURM* führte gleichzeitig eine Galerie und einen Verlag, alles unter dem gleichen Namen. Zur Vorbereitung seiner Ausstellungen war er in ganz Europa herumgereist und hatte direkten Kontakt mit den Künstlern aufgenommen, bevor er sie ausstellte. So lernte er in Paris Delaunay und Apollinaire kennen. Beide Freunde reisten vom 14. bis 21. Januar nach Berlin; Delaunay, um seine Bilder aufzuhängen, Apollinaire, um den Vortrag auf der Vernissage zu halten und auch als Übersetzer für Delaunay, der kein Wort Deutsch verstand. Apollinaire hielt seinen Vortrag: *La Peinture moderne* am 18. Januar und das Publikum verschlang seine Worte. Die Gemälde, die man eigentlich am nächsten Morgen besichtigen wollte, wurden erst ab 27. Januar gezeigt. Dieses Missgeschick änderte aber nichts an den guten Beziehungen zwischen Apollinaire und Walden, die in eine regelrechte Kooperation mündeten, der erst der Krieg ein Ende setzte. Aus dieser Zeit verfügt man über einige Dokumente, die zeigen im welchen Maß sich Apollinaire im Deutschen ausdrücken konnte. Dies sind Postkarten an Walden aus der ersten Hälfte des Jahres 1913, in einem freundschaftlichen Ton und in Deutsch geschrieben:

Lieber Herr Walden, ich habe nicht die Gemälde zum Expediteur gegeben. Ich hätte nicht gedacht, dass ich würde bleiben ohne Gemälde zu Hause und es wäre schade - ich will sie nicht verkaufen [...]

Es ist schon richtig, dass die Anordnung der Worte nicht immer ganz korrekt ist, aber die Verbformen belegen eine solide Kenntnis der deutschen Grammatik. Am 13. Mai schreibt er:

Mein lieber Freund, ich habe mit den Salons soviel zu tun gehabt, und keine Zeit, Ihnen zu schreiben. Heute abend schicke ich meinen Pariser Brief [...]

Er kommt noch einmal am 13. Juni auf das zurück, was er den *Pariser Brief* nennt[11]:

Pariser Brief wird bald kommen. Er ist auf deutsch geschrieben, dafür warte ich jeden Tag, weil ich will ein schönes Deutsch schreiben. Schicken Sie mir Anekdoten über Sie... Haben Sie meine Bücher Alcools erhalten?

Immer dasselbe Problem: die Anordnung der Worte ist unkorrekt und ein Syntagma ist nicht ganz verständlich. Was aber zählt, ist der Wille, seine Mitteilungen in Deutsch zu schreiben, in einem guten Deutsch, wie er unterstreicht. Ein anderer *Pariser Brief* wurde im *STURM* publiziert, aber schon im März mit dem Datum des 13. Februar und in Deutsch.

Am 25. März 1913 schreibt er eine Postkarte an Alfred Döblin, der gerade einen offenen polemischen Brief gegen F. T. Marinetti publiziert hatte, für den er die Zustimmung Apollinaires empfängt:

War sehr gut, ihr Artikel. Ich gratuliere, es lebe der Döblinismus. Guillaume Apollinaire.

Die Karte ist auch noch von Nell und Herwarth Walden und Sonia und Robert Delaunay signiert.

Zum Schluss das Zeugnis einer Person, die Apollinaire nur ein einziges Mal gesehen hat. Am 21. Januar 1913 verließen der Dichter und Delaunay Berlin, um über Köln nach Paris zurückzukehren. Einmal in Köln unterbrachen sie ihre Reise und machten einen Besuch in Bonn beim Maler August Macke. Frau Macke kommt in dem Bericht über den gemeinsam in ihrem Haus verlebten Abend auf Apollinaires Sprachkenntnisse[12]:

Apollinaire war lebhaft, temperamentvoll, sprach gut deutsch und kannte seltsamerweise jeden kleinsten Ort (wie z.B. Heisterbacherrott im Siebengebirge) in unserer nächsten Umgebung, so daß ich im stillen dachte, er wird doch nicht nebenbei auch noch Spion sein. Damals wußte ich noch nicht, daß er einmal eine Zeitlang Hauslehrer in Honnef gewesen war und es Gedichte von ihm gab, die den Rhein preisen.

Unabhängig von der intimen Kenntnis der Orte, die Frau Macke schon erstaunen musste: Apollinaire für einen Spion zu halten - was für eine Wertschätzung seiner deutschen Sprachkenntnisse.

* Leicht gekürzte und übersetzte Fassung des Aufsatzes: *Quand Guillaume était Wilhelm - Apollinaire et la langue allemande* auf dem Colloque International: *Guillaume Apollinaire - le Rhin - l'Allemagne*, 19. - 24. August 2001 im Physikzentrum Bad Honnef.

1 Jean Burgos, Claude Debon, Michel Décaudin: *Apollinaire, en somme*. Paris: Champion, 1998, 125.

2 *Guillaume Apollinaire. Correspondance avec son frère et sa mère*. Gilbert Boudar, Michel Décaudin (Hrsg.), Paris: Corti, 1987.

3 Michel Butor: *Improvisations sur Michel Butor*. Paris: La Différence, 1993, 201.

4 *Apollinaire. Œuvres en prose I.* Michel Décaudin (Hrsg.), Paris: Gallimard, 1977, 1196.

5 Gilbert Boudar, Michel Décaudin: *Catalogue de la Bibliothèque de Guillaume Apollinaire* [*I*]. Paris: CNRS, 1983, 197-198.

6 *Apollinaire. Œuvres en prose I.* 1977, 158.

7 Robert Goffin: *Entrer en poésie*. Gand: À l'enseigne du chat qui pêche, 1948, 135.

8 Ernst Wolf: *Le Séjour de Guillaume Apollinaire en Rhénanie.* In: *Mercure de France*, 15 juin 1938, 618.

9 *Apollinaire. Œuvres en prose complètes III.* Pierre Caizergues, Michel Décaudin (Hrsg.), Paris: Gallimard, 1993, 222.

10 *Apollinaire. Œuvres en prose complètes III.* 1993, 94.

11 Ina Maria Brümann: *Apollinaire und die deutsche Avantgarde*. Hamburg: Krämer,1988, 71 ff.

12 Elisabeth Erdmann-Macke: *Erinnerung an August Macke*. Stuttgart: Kohlhammer, 1962, 204.

A Marius-Ary Leblond

Dans la forêt, avec sa bande
Chante Schinderhannes armé.
Le brigand près de sa brigande
Hennit d'amour au joli mai.

Benzel accroupi lit la bible
Sans voir que son chapeau pointu
A plume d'aigle est une cible
Pour Jacob Born, le mal foutu.

Juliette Blæsius qui rote
Fait semblant d'avoir le hoquet.
Hannes pousse une fausse note
Quand Schulz vient portant un baquet.

Hannes crie en versant des larmes :
« Baquet plein de vin parfumé !
Viennent aujourd'hui les gendarmes,
Nous aurons bu le vin de mai !

Mes compagnons. ma chère troupe
D'ivrognes rauques, mes bandits
Voici notre divine soupe,
Le vin béni pour nous maudits.

Et toi, Julia, la mamselle,
Bois avec nous ce clair bouillon
D'herbes et de vin de Moselle...
Prosit, bandit en cotillon!... »

Juliette bientôt est saoule
Et veut Hannes qui ne veut pas :
« Pas d'amour maintenant, ma poule ;
Sers nous un bon petit repas.

Il faut ce soir que j'assassine
Ce riche juif, au bord du Rhin,
Au clair des torches de résine...
La fleur de mai, c'est le florin. »

On mange alors, toute la bande
Pète et rit pendant le dîner,
Puis s'attendrit à l'allemande
Avant d'aller assassiner.

GUILLAUME APOLLINAIRE

Le Festin d'Ésope vom Juni 1904 mit der Erstveröffentlichung von *Schinderhannes*. (Musée Apollinaire, Stavelot)

Schinderhannes und der junge Apollinaire*

Albert Pütz

Es gibt ein in französischer Sprache verfasstes Gedicht mit nicht originellem Titel und einer Aussage im Grotesk-Format. Das Böse lässt sich auf Waldmeisterbowle ein und tanzt Allotria. Das Gedicht heißt *Schinderhannes*. Es ist das erste und bisher einzige, das es in der französischen Dichtkunst gibt über Johannes Bückler, geboren wohl am 15. Mai 1783, Sohn des Johann Bückler, Viehabhäuters oder Schinders, und der Anna Maria Schmidt; der ein Rosstäuscher, ein Bandenboss und der Vater von Franz Bückler war, mit dessen Mutter Julchen Bläsius, Musikantentochter aus Weierbach an der Nahe, er uneingesegnet verbunden war; der zwanzigjährig als Raubmörder in Mainz geköpft wurde, Tarzan im Soonwald und Chefbandit auf der Schmidtburg war, alias Jakob Ofenloch und Johannes durch den Wald, genannt der Schinderhannes; von dem Julchen, später mit einem Gendarmen namens Uebel verheiratet, immer gern erzählt und beteuert hat: Gold, Spaß, Völlerei und manchmal ein Mordsdecolleté – beim Hannes war es am schönsten!

Das französische Gedicht *Schinderhannes* stammt von dem polnisch-italienischen Dichter Guillaume Apollinaire. Er schrieb es im Sommer 1902, als er sich im Rheinland aufhielt. Zur Entstehung des Gedichts mag ein Schinderhannes-Ereignis beigetragen haben, das damals hundert Jahre zurücklag, – die spektakuläre Verhaftung des Schinderhannes vom 14. Juni 1802 –, an die in Zeitungen erinnert wurde und auch in Büchern oder sonstigen Veröffentlichungen, die aus diesem Anlass seinerzeit erschienen sind.

Bei seiner Verhaftung war Schinderhannes neunzehn, Apollinaire bei der Niederschrift des Gedichtes einundzwanzig Jahre alt, also mit dem von ihm Dargestellten nahezu gleich alt.

Apollinaire war damals noch nicht Apollinaire. Er trug noch den Namen Kostrowitzky. Auf der literarischen Bühne noch ein Unbekannter, galt er damals noch nichts. Bevor er nach Deutschland kam, waren erst drei seiner Gedichte veröffentlicht. Gute Bekannte von ihm, die Brüder Leblond, hatten sie in der von ihnen in Paris herausgegebenen Zeitschrift *La Grande France* 1901 untergebracht. Ihnen hat er, wohl um sie sich gewogen zu halten, seinen *Schinderhannes* gewidmet.

Dieses Gedicht ist noch ein Probierspiel des jungen Apollinaire, ein flic-flac mit Formelementen aus Tradition und Moderne. Es besteht aus acht Strophen zu je vier Versen mit springendem Endreim. Jede Zeile beginnt mit Großschreibung, Interpunktion fehlt.

Die handelnden Personen sind Hannes und Julchen, Benzel, Jacob Born und Schulz. So wie Apollinaire sie darstellt, zeigt sich, er ist über den historischen Schinderhannes und dessen Personal subtil informiert. Den Schauplatz des Geschehens benennt der Autor nicht, er bezeichnet ihn topographisch. Erwähnt sind ein Wald und zwei Flüsse, Rhein und Mosel. Damit ist schon klar, gemeint ist der historische Schauplatz der Raubzüge des Schinderhannes, der Hunsrück zwischen Rhein, Mosel und Nahe.

Im Gedicht treten Karl Benzel, Jacob Born und Georg Friedrich Schulz als die auf, die sie waren, als loyale, bunt gescheckte Mitglieder der Bande: Benzel der melancholische Spinner, Born immer mit der Knarre vorn, und Schulz, die Stimmungskanone, der Gutwettermacher. Als für Benzel charakteristisch ist im Gedicht auch dessen Hang zu beten, zu frömmeln und in der Bibel zu lesen, hervorgehoben.

Apollinaire präsentiert einen Tag der Bande im Mai. Sie wollen an den Rhein, um dort einen reichen Juden umzubringen und auszurauben. Was da geschieht, ist dümmer, dumpfer, als es scheint. Man schaut in Abgründe und sieht, teutonisch ist schon das Vorspiel zu diesem Raubmord. Bewaffneter Stoßtrupp trimmt sich auf Hochstimmung vor dem Einsatz.

Sie lagern im Wald. Fleisch röstet überm Feuer. Zielkitzel, Born nimmt den kauzigen, spitzhütigen Benzel über Kimme und Korn ins Visier. Julchen, die für die Kerle den Braten wendet, trauert ihrem großen Traum nach, der unwiderruflich dahin ist. Da kommt, pinguinhafter Stenz, der Schulz daher. Lachend und protzend platziert er eine Maibowle, so als habe die Trägheit, die Läppischkeit der Bande seinen Durst nach Verbrechen nicht gestillt, und vollzieht damit eine Verwandlungsnummer. Von diesem Kräuterwein entflammt Julchens Libido, sie knöpft sich und Hannes auf. Der, schon im Blut- und Goldrausch, liebkost im Wiegeschritt seine Waffe und brummt seiner Gang das Wiegenlied für einen ihrer letzten Exzesse.

Kostrowitzky, der er passamtlich noch war, stellte nach seiner Rückkehr in Paris, Herbst 1902, auf die Probe, was er aus Deutschland alles auf dem Papier hatte. In Bars, Bistros, Hurenquartieren, Galerien, Ateliers, auch in dem von Picasso, deklamierte er vor der Bohème des Montmartre auch seinen *Schinderhannes*, einen seinerzeit schon wegen seiner Unflätigkeit provokanten Text

(Gerd Fuchs, Autor von *Schinderhannes. Roman*. Hamburg: Hoffmann und Campe, 1986.). Seine Freunde fanden das Gedicht hinreißend. Julchen, wer zum Teufel ist die? Fast wäre sie zu einer Lichtgestalt, zu einer Kultfigur geworden. Frenetisch applaudierte ihm der Parnass von Paris. Da hatte das Milieu an der Seine nun, womit es sich seither schmückt – seinen Guillaume Apollinaire. Ein Verlag macht den Dichter erst zum Dichter. Ein Verlag fand sich aber nicht. Apollinaire musste an die Leser heran, ungelesen wäre er nur der Hersager seiner Texte geblieben, sein eigener Rezitator.

Er half sich mit dem kalten Blick und gründete, mittellos, im November 1903 seine erste Zeitschrift *Le Festin d'Ésope* [Das (literarische) Festmahl des Äsop]. In seiner siebten Ausgabe, Juni 1904, findet sich die Erstveröffentlichung von *Schinderhannes*. Sie wurde von der Leserschaft nur *bon alors*, nur beiläufig aufgenommen, was den ja schon gefeierten Dichter wurmte. Erstmals in einem Buch wurde *Schinderhannes* 1913 abgedruckt, in der vom Verlag *Mercure de France* publizierten Gedichtsammlung *Alcools*. In diese Sammlung ist ein selbständiger Zyklus von neun Gedichten eingefügt, die *Rhénanes*, Apollinaires Rheinlieder, zu denen *Schinderhannes* seither gezählt wird.

Der Ruhm Apollinaires ist unzertrennlich mit diesen Gedichten verknüpft, *le poète d'Alcools* ist in Frankreich zur gängigen Umschreibung für Apollinaires Namen geworden. Die Kritik, auch die positive, ist vielfach die Selbstdarstellung ihrer Urheber. Die Kritik hat *Alcools* als das bedeutendste Gedichtsbuch seit Arthur Rimbaud bezeichnet. Rimbaud und Apollinaire, Zwillinge der Weltliteratur sind sie geblieben. Zwei in einem Boot. Oder ein Boot mit je einem Trunkenen an Bord.

Apollinaire, der Mythos. Genährt worden ist er auch durch die mysteriösen Umstände der Herkunft Apollinaires. Was alles darüber kolportiert wurde, bestätigte Apollinaire ungeniert. Er genoss, was an Vermutungen, was an Gerüchten über seine Abstammung kursierte. Das Abenteurerdasein seiner Mutter war es ihm wert, über seinen eigenen Ursprung selber Legenden zu verbreiten, zum Beispiel die, im Schlafwagen Roma-Ventimiglia-Paris geboren und der Bastard einer römischen Prostituierten und eines polnischen Adligen oder eines Kardinals zu sein.

Heute weiß man, begonnen hat es am 28. August 1880 mit einem Malheur. An diesem Tag fiel Apollinaris de Kostrowitzky, von mittlerem polnischen Adel, in Rom aus allen Wolken. Seine ledige Tochter Angelica, geboren 1858 in Helsinki, kam ihm, päpstlichem Kammerherrn *con cappa e spada*, mit einem Bankert, getauft auf die Namen Guglielmo Alberto Wladimiro Alexandro Apollinare de Kostrowitzky. Rufnahme war zunächst Wilhelm; der Dichtername ist also eine Art Halbpseudonym, entstanden aus der Übersetzung des ersten und letzten Taufnamens ins Französische.

Sein Vater, Francesco Conte Flugi d'Aspermont, italienischer Edelmann mit Graubündner Familienvorgeschichte, stand im Ruf, alles zu sein, vor allem Lebenskünstler, Hochstapler, Herzensbrecher, letzteres an erster Stelle, heute würde man sagen: die Droge Mann. Er trat mit kariertem Dinnerjackett auf im Wechsel mit Galauniform.

Die Mutter wechselte von Rom nach Monaco, und Wilhelm in Internate in Monaco, Cannes und Nizza, wo seine Schulzeit 1898 mit nicht bestandenem Baccalauréat endete. Im Jahr darauf ging Madame de Kostrowitzky nach Paris. Von dort folgte sie ihrem Liebhaber für drei Monate in die belgischen Ardennen nach Stavelot bei Spa, wo Wilhelm de Kostrowitzky sich erstmals überschwänglich, ja grandios verliebte. Marie Dubois war's, eine Kaffeehausbesitzerstochter. Trist und düster erscheint das Hohe Venn. Literarischen Niederschlag hat diese groteske Verzückung gefunden, unter anderem im Gedicht *Fagnes de Wallonie* und in einer Prosastudie *Que vlo-ve?* [Willste was?]. Wilhelm sieht noch aus wie eine graue Maus. Bauchgrimmen wechselt mit Entzücken: *S'seind ane schöne Maid, aber wenn sie mein Liebchen sein möchten, kriege S' Filzläus.*

Zwei Jahre darauf hat er eine weitere turbulente Affair', diesmal mit einer Engländerin. Kostrowitzky trifft, Fliege gemacht in Paris, Ende August 1901 im Dorf Bennerscheid bei Oberpleis (heute zu Königswinter gehörig) ein. Er lebt dort im Landschlösschen Neu-Glück. Es liegt windumspielt auf einer für diese Gegend beträchtlichen Höhe von über dreihundert Metern. Das eigentliche Rheintal mit dem Fluss ist nicht zu sehen, dahin versperren die Hügel des Siebengebirges den Blick. Er spricht vom *fleuve prochain* [nahen Fluss].

Neu-Glück ist der aus vielen Baustilen komponierte Landsitz der Vicomtesse Élinor de Milhau. Eigentlich residiert sie in Honnef. Als Eleonore Hölterhoff entstammt sie einer begüterten und kultivierten Kölner Familie. Ihr Mann, Vicomte de Milhau, ist schon tot. Ihrem einzigen Kind, Gabrielle, ist eine anspruchsvolle Bildung zugedacht. Im Haus sind gleich zwei Erzieher engagiert, Wilhelm de Kostrowitzky als Französischlehrer und Annie Playden aus England als Gesellschafterin.

Das wäre alles nicht der Rede wert, ginge es um irgendeinen unbekannten kleinen Don Juan und eine seiner ex- und hopp-Amouren. In diesem Dorf hinterm Siebengebirge ergibt sich aus pfiffigem Balzritual schroffe Direktheit. Da rast ein neues Gestirn auf das Sternbild der Jungfrau zu. Im gallischen Liebesspiel ist Annie Playden berauschendes Naschwerk. Da geht es fast um Leben und Tod. Die Patientin klagt über Schmerzen in der Brust und Atembeschwerden. Im Notfall Ruhe bewahren. Dicker Kaffee wird gekocht, das narkotisiert und beugt den Nebenwirkungen des Schocks vor. Es gibt auch schöne Momente. Da ruft einer an, seine Freundin müsse sofort ins Spital, die Geburt sei in vollem Gange. Er wird unverhofft selber zum Geburtshelfer. Er nabelt das Kind ab, schließlich ist man nicht alle Tage dabei, wenn Neues entsteht. Das Kind erhält den Namen *La Chanson du mal-aimé* [Das Lied des Ungeliebten oder Der verstoßene Liebhaber]. Annie Playden, dunkel und bedrängt, gibt Kostrowitzky den Laufpass.

Ihm ist Bennerscheid der unspektakuläre Ort, sich zu zeigen und im gesichtslosen Wintergrau als Gast aus einer anderen Welt unerkannt zu bleiben. Das Laub des letzten Jahres ist vom Gehweg gekehrt, der Schnee kommt. Kostrowitzky mischt sich unter die Leute, leert mit ihnen Rheinweinpokale, lässt sich von Ihnen Wein- und Rheinlieder vorsingen. Er ist ein netter, genierlicher Mensch, alles schreibt er auf. Die Qual mit ihm sind seine unaussprechlichen Namen. Da sind Bauern herzlos knapp, sie nennen ihn Kostro.

Kostro erkundet alles. Kostro ist überall. Seine Zauberformel ist Ubiquität. Enthusiasmiert besucht und besingt er die Apollinarisquellen im Ahrtal bei Neuenahr, das Rittergut Krayer Hof bei Andernach, Rolandseck, Maria-Laach, die Loreley, Köln, Rhöndorf, Bacharach. Er befreit sich, beeinflusst von Autoren der deutschen Rheinromantik wie Novalis, Heinrich Heine, Clemens Brentano. Ruchbar wird ein Genie.

Einen dreimonatigen Urlaub, Februar - Mai 1902, nutzt er zu Reisen durch das übrige Deutschland und Österreich. Annie Playden flieht vor ihm zurück nach England. Als er den Ärmelkanal überquert, als er kommt und sie in England sucht, flüchtet sie in die USA. Nicht viel hat gefehlt und Apollinaire wäre ihr dorthin nachgeeilt und am Ende ein amerikanischer Autor geworden. Was hätte Ezra Pound wohl gedacht, hätte der sich dann überhaupt nach Europa eingeschifft? Schriftsteller zu werden, ist verrückt genug. Schreiben heißt ja, man ist hinter der Welt zuhause.

In Frankreich meldete sich Apollinaire 1914 als Kriegsfreiwilliger zur Artillerie, später kam er zur Infanterie. Am 9. März 1916 konnte er seinen polnischen (exakt; seinen russischen) Pass gegen einen französischen eintauschen. Eine Woche später durchschlug ein Granatsplitter seinen Helm, bohrte sich in seine Stirn. An den Folgen dieser Verwundung starb er, 38jährig und ein Autor von globalem Rang, am 9. November 1918, zwei Tage vor dem Waffenstillstand.

Ein Friedensbandit *au fond du cœur*. Ein Opfer seines Kanonier- und Schützengrabenengagements.

Im Eingangs- und im Schlussgedicht von *Alcools*, nämlich *Zone* und *Vendémiaire* [Erntemonat] sind von Apollinaire erlebte bedeutende Städte dargestellt, neben Rom, Marseille, Paris, Amsterdam auch Trier und Koblenz:

Die Städte antworteten nun zu Hunderten
Ich konnte ihre fernen Stimmen nicht mehr unterscheiden
Und Trier die alte Stadt
Mischte ihre Stimmen zu der ihren

Da siehst du dich in Koblenz im Hotel zum Riesen

Die Mosel und der Rhein fließen im Schweigen zusammen
Europa betet Tag und Nacht in Koblenz

Auf einer Reise an der Mosel erreicht ihn ein Brief seiner Mutter vom 15. Mai 1902 in Trarbach. Er hat wohl dort seine in Kreuznach begonnene Reise unterbrochen, um diesen dorthin adressierten Brief abzuholen. Von Kreuznach und Trarbach ist es nicht weit ins Land des Schinderhannes, nach Idar und Oberstein, ins Land der kostbaren Steine. In seinem autobiographisch gefärbten Prosatext *Le Poète assassiné* [Der gemordete Dichter] heißt es in einem fiktiven, aber kenntnisreichen Prosatext:

Vom Grund meines kleinen Bettes, das voll
ist vom Leuchten der Edelsteine höre ich Dich
mit Vergnügen, oh Dichter... Diese Amethyste
tun meinen Augen wohl. Dieser Lapislazuli
ist blauer als ein schöner Himmel. Dieser
Malachit ist für mich wie ein Wiesenland.
Sardonyx, Onyx, Achat, ihr werdet heute
Abend schimmern.

Der Räuber Hannes Bückler hat im Werk Apollinaires außer im Gedicht *Schinderhannes* auch in *Le Poète assassiné* Erwähnung gefunden:

Cécile Vestris sah eines Tages, als sie sich
auf dem Weg nach Mainz befand, dass ihr
Wagen von dem berühmten rheinischen Wege-
lagerer Schinderhannes angehalten wurde.
Sie machte gute Miene zum bösen Spiel
und tanzte für den Schinderhannes im Saal
eines Gasthauses.

Hinter dieser dürren Notiz verbirgt sich eine schillernde Episode. Cécile Vestris, Primaballerina aus Paris, war mit einem Engagement für das Mainzer Stadttheater unterwegs. Sie folgte einer noblen Einladung des französischen Präfekten in Mainz, Jeanbon Saint-André. Jeanbon hatte schon lange Gendarmen und Militär auf Hannes angesetzt und mit Spitzeln und Agenten einen engen Ring um ihn gezogen. Schnappen wir uns jetzt, so dekretierte er, wegen dringenden Mordverdachts diesen Mann, der sich darin abgearbeitet hat, mit seiner Juliette all diesen Spass gehabt zu haben.

Der Präfekt geriet außer Fassung, als Cécile, seine Cécile, länger als vorgesehen ausblieb. Schinderhannes war ihm zuvorgekommen. Nicht in Mainz am Rhein, in Kirn an der Nahe hatte Cécile Vestris ihren spektakulären Auftritt. Bühne war die Burgkapelle von Kallenfels. Fackeln sprühten. *Toute nue*, nackt trat sie auf und tanzte vor ihm. Wie Salomé vor Herodes, sinnierte Hannes und fragte, was zum Teufel sie denn da tanze. Das noch nicht abgeschlagene Haupt Johannes des Räubers, lachte Cécile, klatschte sich auf die Schenkel und zog ihn in ein *Pas-de-deux* wie auf ein Hochseil, das war so zynisch wie aktuell.

Dank der Migräne, die ihr nach Bedarf zur Verfügung stand, blieb Cécile davor bewahrt, auch noch vor allem Volk, vor der Plebs hüllenlos tanzen zu müssen, im Gasthaus Keßler zu Griebelschied. Allzu gern hätte Hannes oben im Hunsrück auch den Taglöhnern, Bauern und dem Wirt so'n Spaß gegönnt.

Man soll nichts heraufbeschwören. Die US-Zeitschrift *Peoples* ist dabei, es zu tun. Sie erwägt, in ihrer Reihe *The Most Sexy Women in History* nun Juliet Blaesius ihrer Weltleserschaft zu präsentieren als Emissärin einer vergangenen, einer schönen neuen Welt. In Mainz, draußen auf der Höhe von Weisenau, wo damals das Lustschloss Favorite stand [Hinrichtungsplatz, auf dem Schinderhannes nach seiner gerichtlichen Verurteilung 1803 geköpft wurde. Hrsg..], werden Giftinjektionen vorbereitet, Kameras in Position gebracht, Satellit lechzt, lauert schon auf *display*. Das allerletzte Wort haben die Roten Roben in Karlsruhe. Diese Stadt ist für den weitgereisten Guillaume Apollinaire ein weißer Flecken auf der Landkarte gewesen. Wie dort in dieser Sache entschieden wird, ist für Räuber, ist für Dichter, ist auch für unser Hunsrücker Liebespaar Jóhano und Julia problemfrei, Benzel betet ja.

Schinderhannes[1]

für Marius-Ary Leblond

Räuberlager tief im Wald
Hannes hat schon abgeschnallt
Hat die Bläsius dabei
Wiehert Lust im hellen Mai

Hockt der Benzel betet stumm
Adlerfeder wippt am Hut
Jakob Born nimmt es ihm krumm
Zielt darauf in Übermut

Julchen rülpst und tut darauf
So als hätte sie Schluckauf
Schluss damit grollt ihr der Chef
Drüberzu kommt das Gesöff

Tönt der Schulz die Polizei
Wenn sie kommt ist es vorbei
Tränen lacht er wir allein
Schütten uns die Bowle rein

Lasst uns trinken Julia jetzt
Zünftig hab ich angesetzt
Moselwein auf Kräuterschnitt
Also prost Mamsell Bandit

Sie geht Hannes ans Gemächt
Daß er's mit ihr treiben möcht
Nix da Täubchen laß das sein
Muß heut Nacht noch an den Rhein

Müssen uns gehörig sputen
Zu ermorden diesen Juden
Prangt doch wenn die Fackeln sprühn
Wie die Mairos' der Florin

Lassen überm Essen hin
Lachend ihre Winde ziehn
Rasten auf gut deutsch und dann
Gehn und morden sie den Mann

---

* Literarischer Essay nach dem ersten Kapitel des Buches von Albert Pütz: *Störverdacht. Erkundigungen über Durchreisende*. Blieskastel: Gollenstein, 1996, 7-19.

1 Originaltext in der Textsammlung; Übertragung: Albert Pütz.

Die Vertonung von *Loreley* und anderer Gedichte Guillaume Apollinaires in der XIV. Sinfonie von Dimitrij Šostakovič*

Detlef Gojowy

„Apollinaire wird immer mehr als einer der ganz großen Dichter erfahren, einer, der die Welt durch die Poesie zu verändern wußte, ein Dichter, der eine neue Wirklichkeit schuf, die Wirklichkeit, die den Zufall, das Überwirkliche, das Wunderbare und das Wunder nicht ausschließt. Aus der Freiheit dieser neuen Realität wirkte er. Selten hat ein Dichter einen so tiefen Einfluss auf die Künstler seiner Zeit genommen wie er. Er konnte ihnen seine Freiheit vermitteln und ist mit seinen Worten in ihre Bilder eingegangen." (Helmut Kohl, Ministerpräsident des Landes Rheinland-Pfalz zur Apollinaire-Ausstellung im Künstlerbahnhof Rolandseck 1973)

Ein russischer Komponist vertont Puškin. Oder Lermontov. So gut wie alle haben es getan, die Gefeierten ebenso wie die Unerwünschten. Aber Guillaume Apollinaire? Zu ihm notiert 1933 die Kleine Sowjetenzyklopädie[1]:

Französischer Dichter und Kritiker, Ideologe der kubistischen Strömung in der französischen Kunst (siehe „Kubismus") ... erwies bedeutenden Einfluss auf die französische Literatur und Kunst (siehe „Surrealismus").

B. Pesis schreibt in der *Literaturenzyklopädie*, die die Kommunistische Akademie unter anderem unter Mitwirkung von Anatolij Lunačarskij 1929 herausgab:

Am Anfang seiner literarischen Karriere stand er den Vertretern des französischen Symbolismus nahe, stieß dann zu den Kubisten und Futuristen. Ähnlich wie viele bourgeoise Revolutionäre in der Kunst war er überaus unbeständig und prinzipienlos in seinen politischen Ansichten. Der Dichter, der als ästhetischer Terrorist galt, imstande, Museen zu zerstören und sogar Kunstdenkmäler zu entwenden (1911 hatte man ihn unter der sinnlosen Beschuldigung des Diebstahls der „Gioconda" verhaftet[2]), der Dichter, der geschrieben hatte: „Menschen der Zukunft, denken Sie an mich – ich lebte in einer Epoche, da die Könige endeten", machte sich über den Geschmack des bürgerlichen Publikums lustig (die Aufführung seines Dramas „Die Brüste des Teiresias" rief die Empörung der Zuschauer hervor), war aber gleichzeitig bestrebt, auf jede Weise seine Zuverlässigkeit zu demonstrieren und empfing den Orden der Ehrenlegion. Diese Unbeständigkeit führte dazu, dass in der Zeit des Krieges Apollinaire, der sich dereinst über das Kriegswesen lustig gemacht hatte, sich von seinen futuristischen Losungen der Unbekümmertheit und des Kampfes gegen das

„Alte und Überlebte" ab- und dem Dienst des Imperialismus zuwandte und nicht nur den Sieg über Deutschland forderte, sondern auch seine „Auslöschung". Es sei angemerkt, dass nach den Worten seines Biografen Ph. Soupault [3] dieser patriotische Aufschwung einherging mit „psychischer Verstörung" und einem Niedergang seiner Schaffenskräfte. In der Epoche ihrer Entfaltung war Apollinaire nicht nur im Bereich der Literatur aktiv, sondern auch der Malerei, mit vielen derer Vertreter er vertraut war (Picasso, Henri Rousseau). Apollinaire, der in seinem Buch „Die kubistischen Maler" (1912) die Prinzipien der Malerei des Kubismus dargelegt hatte, verspürte die Einflüsse dieser Schule auf sich selbst und versuchte ihre Prinzipien auf die Wortkunst zu übertragen. Nicht damit zufrieden, den Kanon im Bereich der Syntax, des Metrums und der Lexik zu zerstören, verbannte Apollinaire aus seiner Poesie die Interpunktion und nahm seine Zuflucht zu typographischen Kunstgriffen und anderen Mitteln mit dem Ziel, in der Poesie die der kubistischen Malerei eigene Ebenenvielfalt in der Darstellung des Objekts zu verwirklichen. Von dieser Art sind die „Kalligramme" und „Ideogramme" Apollinaires, in denen er bestrebt ist, seine Verse nicht nur in poetischer, sondern auch in graphischer Weise ausdrucksvoll zu gestalten. Die besten Bücher Apollinaires („Alcools", „Calligrammes") erweisen ihn als einen echten lyrischen Dichter mit Neigung zur Satire. Apollinaire verfügte über eine bedeutende, für einen Schüler der Symbolisten charakteristische Bildung, wie sie seine linken Freunde und Feinde ein wenig ironisch betrachteten und in ihr den Grund für Apollinaires „Verkopftheit" sahen.

Von einem schablonenmäßigen Futurismus unterschied Apollinaire, der sich nicht nur von Rimbaud, sondern auch von Heine und Baudelaire beeinflusst sah, seine Verbundenheit mit der literarischen Tradition. Selbst in seinen Kalligrammen und Ideogrammen ist Apollinaire nicht nur innovatorischen Tendenzen verpflichtet, sondern auch der Bekanntschaft mit der Poesie der Alexandriner. Apollinaire erwies einen bedeutenden Einfluss auf die neueste französische Dichtung bis zu ihren jüngsten Vertretern – der Überrealisten, die nicht nur den Namen ihrer Schule, sondern auch das Prinzip der „überrealistischen" Improvisation bei Apollinaire entlehnten.

An feindlich-negativen Einschätzungen Apollinaires hat sich auch in der zweiten Ausgabe der Großen Sowjetenzyklopädie (1956?) nichts geändert, im Gegenteil; für sie ist er:

Vertreter der dekadenten Poesie zu Ende des 19. und Anfang des 20. Jahrhunderts. Die formalistische grelle Poesie Apollinaires setzte die Zerstörung der realistischen Gestalt im Gedicht fort, die die Symbolisten begonnen hatten. Apollinaire verletzt die Regeln der Syntax, den metrischen Bau des Verses, deformiert Worte und hebt die Interpunktion auf. Er ist einer der Begründer des Kubismus in der Malerei...

Von seinem *formalistischen Experimentieren* ist noch 1977 in der Ukrainischen Sowjetenzyklopädie die Rede, wenngleich auch ein Einfluss auf die *demokratische französische Lyrik (Paul Eluard, Louis Aragon[4])* konstatiert wird. Das eine wie das andere hatte bereits 1962 die *Kurze Literaturenzyklopädie* im Moskauer Verlag Enzyklopädie ausführlicher festgestellt, und die

Große Sowjetenzyklopädie von 1970 gesteht ihm ein *tragisches Gefühl für die Grausamkeit des Lebens* an Hand seines Zyklus *Le Bestiaire* [Das Bestiarium] zu und urteilt:

Im Schaffen Apollinaires stoßen formalistisches Experimentieren und innovatorische Entwicklung der klassischen Tradition zusammen.

Positiv vermerkt werden Volksliedanklänge und die poetische Reflexion über die Unfreiheit in jenem Gedicht *À la Santé* [Im Kerker der Santé], das man in Šostakovičs XIV. Sinfonie wiederfindet. Inzwischen war 1967 eine Ausgabe der Gedichte Apollinaires im Moskauer Verlag *Nauka* in der Reihe *Literaturnyje pamjatniki* [Literarische Denkmäler] erschienen, in Übersetzungen von M. P. Kudinov, die auch den Vertonungen in der Sinfonie zugrundeliegen[5].

Die Odessaer Literaturwissenschaftlerin Valentina Silant'eva rechnet diesen Umschwung in der Bewertung des Dichters den Reformen unter Nikita Chruščev[6] zu - jener *Tauwetter*-Epoche der 60er Jahre, ohne die das Aufkommen der sowjetischen musikalischen Avantgarde mit Andrej Volkonskij, Edison Denisov, Alfred Schnittke, Sofia Gubaidulina oder Arvo Pärt nicht denkbar gewesen schiene, die aber auch im Œuvre Šostakovičs ihren Hoffnungsschimmer hinterließ – etwa in der heiteren Gelassenheit seiner Operette *Moskva Čeremuški*, im (zunächst gescheiterten) Wagnis seiner XIII. Sinfonie auf systemkritische Verse von Evgenij Evtušenko oder auch der Behandlung des bis dahin tabuisierten Themas des Todes eben in der XIV. Sinfonie. Seit jenem *Tauwetter* sind Person und Werk Apollinaires – zugleich mit einer Neubewertung Charles Baudelaires – Gegenstand einer Fülle sowjetischer Werkausgaben und wissenschaftlicher Arbeiten geworden[7].

Was mag nun Šostakovič speziell an diesem Dichter berührt haben? Zunächst ist auf einen simplen biographischen Sachverhalt hinzuweisen. Wie der Komponist, war Apollinaire, mit bürgerlichem Namen Guillaume-Albert-Wladimir-Alexandre-Apollinaire de Kostrowitzky[8], polnischer Herkunft. Er stammte von Vorfahren ab, die nach dem gescheiterten polnischen Aufstand von 1863 nach Sibirien verbannt worden waren. Die Familie Kostrowitzky gehörte zum polnischen Uradel aus der Zeit des Königs Jagiello[9]. Ein Angehöriger mit Vornamen Apollinaris konnte mit seiner fünfjährigen Tochter Angelica nach Italien flüchten, woher seine Frau stammte. Als unehelicher Sohn der jungen Angelica und des ehemaligen neapolitanischen Hauptmanns Francesco Conte Flugi d'Aspermont (?) kam Apollinaire am 26. August 1880 in Rom zur Welt. Die literarische Karriere des jungen Wilhelm de Kostrowitzky, so hieß er in der Familie, wurde durch einem Aufenthalt in Deutschland von August 1901 bis August 1902 als Hauslehrer einer deutsch-französischen Familie sehr beeinflusst. Die etwa hundert Gedichte, Erzählungen und Zeitungsartikel, die während oder in der Folge dieser Zeit vor allem im Rheinland entstanden, bildeten den Grundstock für sein späteres Werk, das in der Publikation von *Alcools* 1913 seinen ersten Höhepunkt fand. Dazu gehören auch so volkstümliche Gedichte wie *Schinderhannes*[10] und *Loreley*[11] (nach Clemens Brentano), von denen letztere in der XIV. Sinfonie als Chorsatz vertont ist.

Die Bedeutung Apollinaires liegt aber nicht allein auf dem literarischen Gebiet – sein ebenso waches und produktives Interesse galt der Malerei, und gerade sie befand sich ja zu jener Zeit in einem säkularen Umbruch. In seinen Kunstkritiken und Berichten aus den Jahren 1905 bis 1918 fehlt kein Name von Bedeutung von jenen Malern und Künstlergruppen, die wir inzwischen als die maßgeblichen ansehen[12]: Pablo Picasso, Henri Matisse, George Braque, die Fauvisten, Paul Cézanne, Maurice de Vlaminck, Paul Gauguin, Edouard Manet, die italienischen Futuristen, Umberto Boccioni, Henri Rousseau, Fernand Léger, Natalia Goncarova und Michail Larionov, André Derain oder Robert Delaunay – mit vielen von ihnen war er bekannt, oftmals war er ihr erstes Sprachrohr in die Öffentlichkeit.

Auf diesem Feld liegt sein erstes Wirksamwerden für die zeitgenössische russische Kultur, die Veröffentlichung des Petersburger Futuristenmanifests *Wir und der Westen – unsre Antwort an Marinetti* vom Februar 1914. Dem Futurismus hatte überhaupt sein waches Interesse gegolten, das *Technische Manifest* von Francesco Balilla Pratella hatte er 1911 publiziert[13]. Das eigene Manifest *L'Antitradition futuriste* stellte in seiner Radikalität die antimusealen, bilderstürmerischen Tendenzen der italienischen Futuristen womöglich noch in den Schatten: *Merde* [Scheiße] wünscht er darin den Kritikern, Pädagogen, Professoren, Museen, den Spezialisten fürs 15. und 18. Jahrhundert, den Ruinen, der Patina, den Historikern, den Städten Venedig, Versailles, Pompeji, Brügge, Oxford, Nürnberg, Toledo, Benares, den Verteidigern der Landschaften, den Philologen, Essayisten, „Neo" und „Post", den Städten Bayreuth, Florenz, dem Montmartre und München, den Lexika, den Verfechtern des Guten Tons, den Orientalismen, dem Dandytum, den Spiritualisten und Realisten ohne Realitätsgefühl und Esprit, den Akademismen, den Siamesischen Zwillingen d'Annunzio und Rostand, Dante, Shakespeare, Tolstoj und Goethe, den Scheiß-Dilettanten, Aeschylos und dem Theater von Orange, Indien, Ägypten, Fiesole und der Theosophie, dem Scientismus, Montaigne, Wagner, Beethoven, Edgar Poe, Walt Whitman und Baudelaire.

Auf diese alle also gehöre *Scheiße*; *Rosen* dagegen breitet er einer Anzahl von Künstlern aus, die er im folgenden aufzählt: Marinetti, Picasso, Boccioni, natürlich er selbst, Carra, Delaunay, Matisse, Braque, Severini, Derain, Russolo,

Archipenko, Pratella, Balla, Valentine de Saint-Point, Kandinsky, Strawinsky, Picabia, Marcel Duchamp u.a[14]. Unterzeichnet ist das Dokument von ihm selbst in Paris am 29. Juni 1913, im Benehmen mit der Mailänder Zentrale der futuristischen Bewegung.

Natürlich muss man diese wie andere Äußerungen des Futurismus nicht wortwörtlich nehmen, sondern als Stilmittel und theatralische Geste verstehen – der Slawist Dimitrij Tschiževskij deutete dergleichen als eine *Umkehrung des traditionellen ‚Bescheidenheits'-Topos*[15]. Immerhin lag den russischen Futuristen diese Bilderstürmerei nicht – sie vertrugen sich auch mit ihren symbolistischen Brüdern aufs beste, und es gab hier nicht, wie in Italien, eine museale Kultur zu überwinden, sondern eine neue weltumfassende, *kosmische* Kultur überhaupt erst zu entwickeln. Als Träger und Vollender dieser Mission sah man eben die östliche, von der westlichen unterschiedene Kultur des heiligen Russland.

Europa hat in all seinen künstlerischen Bestrebungen (Errungenschaften gab es noch keine!) eine Krisis erreicht, die ihren äußerlichen Ausdruck in der Hinwendung zum Osten findet. Es liegt nicht in der Macht des Westens, den Osten zu begreifen, weil ihm als erstes die Vorstellung von den Grenzen der Kunst verloren ging (vermischt wurden Fragen der Philosophie mit Methoden der Verkörperung in der Kunst). Die europäische Kunst ist archaisch, und eine neue Kunst in Europa gibt es nicht und kann es nicht geben, weil letztere sich aus kosmischen Elementen aufbaut. Alle Kunst des Westens dagegen ist territorial. Das einzige Land, das bis jetzt keine territoriale Kunst hat, ist Russland. Die ganze Arbeit des Westens ist auf die formale Fundierung der Errungenschaften der alten Kunst gerichtet (die alte Ästhetik). Alle Versuche des Westens in Richtung einer neuen Ästhetik sind a priori (und nicht erst a posteriori) auf fatale Weise katastrophal: die neue Ästhetik folgt der neuen Kunst, und nicht umgekehrt. Indem wir den Unterschied im Weg der westlichen und der östlichen Kunst anerkennen – die Kunst des Westens verkörpert eine geometrische Welterfahrung, geht vom Objekt aus zum Subjekt, die Kunst des Ostens dagegen eine algebraische, die sich vom Subjekt auf das Objekt richtet – legen wir als allgemeine Prinzipien für Malerei, Poesie und Musik fest: 1) ein willkürliches Spektrum, 2) eine willkürliche Tiefe, 3) Selbstständigkeit der Tempi, als Methoden der Verkörperung, und der Rhythmen, als unanfechtbar; sowie als spezielle Prinzipien: Für die Malerei: 1) Die Ablehnung der Konstruktion nach Fluchtpunkt, der trigonometrischen Perspektive; 2) Dissonanzen. Für die Poesie: 1) Kontinuität einer einheitlichen Wortmasse; 2) Differenzierung der Massen nach ihrem unterschiedlichen Entzündungsgrad, in: lithoide, fluide und phosphenoide; 3) Überwindung der akzidentalistischen Methode. Für die Musik: 1) Überwindung der Linearität (der Architektonik) über die innere Perspektive (primitive Synthese), 2) Substanzialität der Elemente.

Dieses Manifest[16] wurde am 11. Februar 1914 im Konzertsaal der Schwedischen Kirche St. Katharinen in St. Petersburg auf einer Tagung russischer Futuristen verkündet, die sich an die vorangehende Vortragsreise Filippo Tommaso Marinettis durch Russland anschloss, des Mailänder Gründers der futuristischen Bewegung. Unterzeichnet wurde es von Georgij Jakulov für die Malerei, von dem Lyriker Benedikt Livšic für die Poesie und von Arthur-Vincent Lourié für die Musik. Nach Frankreich gesandt, wurde es von Guillaume Apollinaire am 16. April 1914 im *Mercure de France* in französischer Sprache publiziert[17].

Russe war nämlich Guillaume Apollinaire noch immer wenigstens auf dem Papier, denn zwischen Polen und Russen unterschied man in Frankreich nicht so sehr, zumal eben Kongresspolen damals politisch noch zum Zarenreich gehörte. Als Sohn einer polnischen Mutter war Guillaume de Kostrowitzky Untertan des Zaren und seine Nationalität eben *russe*, so stand es in seinen französischen Personalpapieren[18], und für die *naturalisation* zum französischen Staatsbürger musste er erst einen Antrag stellen, um seinem Traum von einer Offizierslaufbahn in der französischen Armee näherzukommen[19].

Etwas macht dieses Petersburger Futuristenmanifest zu einem wichtigen Dokument des Jahrhunderts, gewissermaßen zu einem Schlüssel, der sich in den verschiedensten neuen künstlerischen Ausdrucksformen *dreht* – die utopische Selbstverständlichkeit, mit der bildende Kunst, Poesie und Malerei ungeachtet ihrer Verschiedenheit als Kunst im Raum und Kunst in der Zeit wortwörtlich *gemeinsamen Prinzipien* verpflichtet werden, mit der ein musikalisches Prinzip wie die Dissonanz in die Malerei dringt, in die Dichtung sogar physikalische Parameter, oder auch die herkömmliche Dreidimensionalität der Perspektive zugunsten künstlerischer Willkür wie auf den alten byzantinischen Ikonen oder den Bildern Marc Chagalls; in der Musik läuft die *primitive Synthese* auf eine Übernahme mechanistischer Strukturen hinaus. Dergleichen Verschmelzungsideen waren wohlgemerkt nicht erst eine Erfindung der Futuristen – sie übernahmen sie ungefragt von ihren symbolistischen Vorgängern[20]. Im Zuge dieser Ideen werden zeitliche Prinzipien in die Malerei dringen, etwa in futuristische Gemälde Stationen eines zeitlichen Ablaufs in simultaner Darstellung, was man mit *Synthese* bezeichnete – umgekehrt treten räumliche Momente in Dichtung und Musik.

Eine bewusste Anwendung dieser Idee auf die Dichtkunst finden wir bei Guillaume Apollinaire in seiner visuellen Poesie jener Jahre, in jenen Bildungen, die er selbst als *Kalligramme* bezeichnet: Die Buchstaben und Worte eines Textes formieren zugleich ein sinnentsprechendes Bildsymbol. Mit dieser *visuellen Poesie* hat Guillaume Apollinaire russischerseits in Alexej Kručenych einen Nachfolger gefunden, dem zusammen mit Velemir Chlebnikov der Text der ersten *Futuristenoper*: *Pobĕda nad solncem* [Sieg über die Sonne],

1913 mit Musik von Michail Matjušin und Figurinen von Kazimir Malevič, zu verdanken ist[21].

Was also hat Šostakovič an diesem frühen Beweger künstlerischer Avantgarde auch in Russland zum Vertonen gereizt? Kann neben seiner Verehrung für den Dichter auch die Tatsache eine Rolle gespielt haben, dass Apollinaire unter dem Sowjetregime zeitweise verfemt war, wie Anna Achmatova oder Marina Cvetaeva? Wer immer deren Verse vertonte, Šostakovič selber oder dann besonders Sofia Gubaidulina, tat das auch im Zeichen des Protestes gegen die stalinistische Unterdrückung.

Oder war es jenes Gedicht über eine Antwort der Zaporoger Kosaken an den türkischen Sultan, worüber es in Russland ein überaus populäres Gemälde von Ilja Repin gibt (in der DDR war es auch in den Russisch-Lehrbüchern abgebildet!) – voller Übermut im Vollgefühl ihrer Unabhängigkeit formulieren besagte Kosaken ihre Absage an dessen Zumutungen. In der Übersetzung von Jörg Morgener alias Jürgen Köchel lautet die Fassung des Gedichts für die deutsche Adaption der XIV. Sinfonie so[22]:

Der du schlimmer als Barrabas bist
und gehörnt wie ein Höllendrachen,
Beelzebub ist dein Freund,
und du frisst nichts als Unflat und Dreck in den Rachen,
abscheulich dein Sabbat uns ist.
Du verfaulter Kadaver von Saloniken,
blutiger Traum ohne Sinn,
deine Augen zerstochen von Piken:
deine Mutter, die Erzbuhlerin,
sie gebar dich stinkend in Koliken.
Henkersknecht von Podolien! Du träumst von Pein,
Schorf und Wunden, Eitergschwüren.
Arsch der Stute, Schnauze vom Schwein!
Alle Arznei soll nur schüren
Pest und Aussatz in deinem Gebein.

Auf den vernichtenswerten Gegner wird auch hier gewissermaßen *Merde* gehäuft. Poetischer lesen sich die anderen von Šostakovič gewählten Texte, so die *Loreley*, der er sozusagen *Rosen* streut[22]:

Zu der blonden Hexe kamen Männer in Scharen,
Die vor Liebe zu ihr fast wahnsinnig waren.
Es befahl der Bischof sie vor Gericht,
Doch bewog ihn zur Gnade ihre Schönheit so licht.
„Loreley, deine Augen, die so viele gerühret

Welcher Zauber hat sie nur zum Bösen verführet?"
„Lasst mich sterben, Herr Bischof, verdammt ist mein Blick.
Wer mich nur angeschauet, kam nimmer zurück.
Meine Augen, Herr Bischof, sind schreckliche Flammen.
Lasst mich brennen am Pfahl, denn Ihr müsst mich verdammen!"
„Loreley, wie soll ich dich verdammen, wenn mein Herz
Für dich steht in Flammen: heile du meinen Schmerz!"
Sprecht nicht weiter, Herr Bischof, Lasst Euch nicht von mir rühren,
Denn Gott hat Euch bestimmt, mich zum Tode zu führen.
Fort von hier zog mein Liebster, hat sich von mir gewandt,
Ist von dannen geritten in ein anderes Land.
Seither trauert mein Herze, darum muss ich verderben.
Wenn ich nur in mein Antlitz seh, möchte ich sterben.
Fort von hier zog mein Liebster, nun ist alles so leer,
Sinnlos ist diese Welt, Nacht ist rings um mich her!"
Der Bischof lässt kommen drei Ritter: „Ihr Treuen,
Bringt mir diese ins Kloster, dort soll sie bereuen.
Geh hinweg Loreley! Falsche Zauberin du,
Wirst als Nonne nun finden im Gebet deine Ruh!"
Mühsam sieht man sie dort einen Felsweg beschreiten.
Und sie spricht zu den Männern, die ernst sie begleiten:
„Auf der Höhe des Felsens will ich noch einmal stehn
Und das Schloss meines Liebsten von ferne nur sehn.
Und sein Spiegelbild lasst mich zum letzten Male betrauern,
Danach könnt ihr mich bringen in Klostermauern!"
Und ihr Haar fliegt im Winde, seltsam leuchtet ihr Blick,
Und es rufen die Ritter: „Loreley, zurück!"
„Auf dem Rheine tief unten kommt ein Schifflein geschwommen.
Drinnen steht mein Geliebter, und er winkt, ich soll kommen!
O wie leicht wird mein Herze! Komm, Geliebter mein!"
Tiefer lehnt sie sich über und stürzt in den Rhein.
Und ich sah sie im Strome, so ruhig und klar,
Ihrer rheinfarbigen Augen, ihr sonniges Haar.

---

* Gekürzte Fassung des Aufsatzes des Autors: *Guillaume Apollinaire mit Bezug auf die Vertonung der Gedichte in der XIV. Sinfonie von Dimitrij Šostakovič*. In: Musikgeschichte in Mittel- und Osteuropa, Heft 7, Chemnitz: Schröder, 2000, 36-50.

1 *Kleine Sowjetenzyklopädie*. Bd. 1, Moskau 1933. (Für den Nachweis zu dieser und den folgenden Zitierungen ist Frau Prof. Dr. Silant'eva, Odessa zu danken.)

2 Von diesem Gefängniserlebnis handelt das auch in die XIV. Sinfonie eingegangene Gedicht *À la Santé* [Im Kerker der Santé].

3 Verweis in der angeführten Quelle: *Guillaume Apollinaire ou reflets de l'incendie*. Marseille 1927.

4 Paul Eluard galt zur Zeit der Sowjetdiktatur wegen seines Bekenntnisses zur Kommunistischen Partei nicht als *Formalist* oder man sah ihm seinen *Formalismus* nach. Von Louis Aragon wurde sein Engagement für den KGB erst postum dokumentiert: Gonzague Saint Bris und Vladimir Fédorovski: *Russische Musen*. Hamburg: Kabel, 1996, 268-271.

5 Siehe den kritischen Bericht in den Bdn. 8 und 9 der Šostakovič-Gesamtausgabe, Moskau 1980 und 1984.

6 Schreiben vom 14. 8. 1999.

7 Julija Chartwig (Hartwig): *Apolliner: Povest'* [Apollinaire: Die Erzählung]. Moskau 1971; V. Toporov: *Rost Arlekina Trismegista* [Der Wuchs des dreifachmächtigen Harlekin]. In: *Inostrannaja literatura* [Ausländische Literatur], 4 / 1987; V. D'jakov: *Novoe o predkach K. G. Apollinera* (Archivnye poiski) [Neues über die Vorfahren Apollinaires (Archivstudien)]. Neman. 1978, No.6,169-179; G. S. Buačidze: *Apolliner i puti razvitii francuzskoj poezii* [Apollinaire und die Entwicklungswege der französischen Dichtung]. Tbilisi 1989 (422 Seiten, Lehrbuch für Studenten); N. F. Švejbel'man: *Poet i mir*. Zony *Apollinera* [Der Poet und die Welt. Die *Zonen* Apollinaires]. In: Tipologičeskie aspekty literaturnogo analiza [Typologische Aspekte der Literaturanalyse]. Tjumen 1987, 74-86; G. Apolliner: *Prolog k p'ese* [Guillaume Apollinaire: Prolog zum Stück]. T. Proskurnikova (Einf., Übs.). In: *Teatr* [Theater], 4 / 1988, 152-155; G. Apolliner: *Tri etjuda o vremeni* [Drei Studien über die Zeit]. I. Makarov (Hrsg., Einf.). In: *Oktjabr'* [Oktober], 5 /1993, 149-155.

8 *Guillaume Apollinaire: Œuvres poétiques*. Marcel Adéma, Michel Décaudin (Hrsg.), Paris: Gallimard, 1965, LIV ff. Dieser Band wird im Folgenden abgekürzt als Po.

9 *Guillaume Apollinaire. Iconographie réunie et commentée...* Helmut Kohl (Vorwort), Pierre Marcel Adéma, Michel Décaudin (Hrsg.), Paris/Rolandseck: Gallimard/Bahnhof Rolandseck, 1971/1973, III ff. Der Band wird im Folgenden abgekürzt als Ro.

10 Po, 117-118.

11 Po, 115-116.

12 Hajo Düchting: *Apollinaire zur Kunst. Texte und Kritiken 1905-1918*. Köln: DuMont, 1989.

13 Ro, 164f.

14 Wiedergabe des Dokuments bei Düchting 1989, hinterer Einband.

15 *Anfänge des russischen Futurismus*. (Heidelberger Slavische Texte, Bd. 7), Wiesbaden: Harrassowitz, 1963, 54.

16 Deutsche Übersetzung beim Verfasser: *Arthur Lourié und der russische Futurismus*. Laaber: Laaber, 1993, 97f.

17 Dort Nr. CVIII, 882f. Nach: Vladimir Markov: *Manifeste und Programme russischer Futuristen*. (Slavische Propyläen, Bd. 27), München: Fink, 1967, 138f.

18 Ro, 59.

19 Ro, 204f., 235.

20 Vgl. Werner Vordtriede: *Novalis und die französischen Symbolisten*. Stuttgart: Kohlhammer, 1963.

21 *Sieg über die Sonne. Aspekte russischer Kunst zu Beginn des 20. Jahrhunderts. Ausstellung der Akademie der Künste, Berlin, und der Berliner Festwochen... 1983*. (Schriftenreihe der Akademie der Künste, Bd. 15), Christiane Bauermeister, Nele Hertling (Hrsg.), Berlin 1983.

22 Wortlaut nach freundlicher Mitteilung des Verlags Sikorski, Hamburg.

Rheinische Gedichtzyklen und die *Rhénanes* von Apollinaire

Kurt Roessler

Die von Apollinaire selbst und posthum unter dem Namen *Rhénanes* [Rheinische Gesänge] zusammengefassten Gedichte bilden in der Entwicklung und der Endfassung seiner bekanntesten Gedichtsammlung *Alcools* [Alkohol] einen zentralen Kern. Dieser zeitlich und regional eng definierte Zyklus stellt im Werk des Dichters eine Besonderheit dar, jedenfalls vor 1915. Die Ereignisse und Erlebnisse des Ersten Weltkriegs, die ähnliche Gedichtgruppierungen hervorgebracht haben, muss man als Sonderfall bewerten. Apollinaire ist in seiner rheinischen Periode durch die Literatur der deutschen Romantik beeinflusst worden, insbesondere durch das Werk Heinrich Heines. Im Hinblick auf einen rheinischen Zyklus kann man sich aber nicht auf diesen berufen, da er zwar einige bedeutende rheinische Gedichte geschrieben hat, doch zu wenig für einen eigenen Zyklus. Die Suche nach möglichen Vorbildern muss daher in der rheinischen Literatur des 19. Jahrhunderts allgemeiner ansetzen.

Rheinlyrik in Reisebeschreibungen, Reiseführern und Gedichtzyklen

Die Beschreibung einer Reise von Mainz bis Düsseldorf von Joseph Gregor Lang in den Jahren 1789 und 1790 verzichtete noch auf Gedichtzitate[1]. Dagegen finden sich in den 1828 von Klein und ab 1835 von Karl Baedeker in Koblenz herausgegebenen Reiseführern zahlreiche poetische Werke[2] Die sechste Auflage von 1849 bringt 32 Passagen aus zeitgenössischer Poesie und Prosa, ferner Sprüche aus Volksmund, Volksliedern und mittelalterlichen Epen[3]. Apollinaire hatte drei Auflagen der französischen Übersetzung solcher Baedeker-Führer von 1852, 1868 und 1891 in seiner Bibliothek[4].

Neben den eigentlichen Reiseführern gab es aber auch Reisebeschreibungen in reiner Lyrik, wie von 1816 die rheinischen Strophen von Lord Byrons *Childe Harold's Pilgrimage. Canto III.*, die sich außer zum Drachenfels und seiner Umgebung in eher allgemeinen Termen äußern. Aus den dreißiger Jahren des 19. Jahrhunderts seien die u.a. mit eigenen Gedichten angereicherte Beschreibung des Rheingaus von Adelheid von Stolterfoth aufgeführt[5]. Karl Simrocks Buch *Die Rheinländer* von 1838 bringt mehr als 65 Lyrikzitate, zum großen Teil aus eigenen Werken[6]. Parallel dazu entstanden in Jahrbüchern Anthologien rheinischer Lyrik, so im *Rheinischen Odeon*[7], den *Rheinischen Jahrbü-*

chern für Kunst und Poesie[8] und dem *Rolands-Album* von 1840[9]. Wolfgang Müller von Königswinter beschrieb in *Rheinfahrt* eine Reise den Rhein hinab in Versen[10]. Der vollkommenste Rheinzyklus ist der 1884 von Carmen Sylva veröffentlichte, mit Graphiken oder Photographien versehene Band *Mein Rhein! Dichtungen*[11].

Ort:	Titel:
Mainz	Gruß!
Bingen	Bingen. / Der Mäusethurm
Burg Rheinstein	Rheinstein
Rheindiebach	Fürstenberg
Bacharach	Bacharach
Kaub	Die Pfalz
Oberwesel	Oberwesel
Loreley	Loreley
St. Goar	St. Goar
Bornhofen	Bornhofen
Braubach	Die Marksburg
Oberlahnstein	Die Lahn
Koblenz	Die Mosel
Braunsberg	Braunsberg
Neuwied	Mein Vaterhaus. / Monrepos
Wiedtal	Altwied
Westerwald	Die Neuerburg
Andernach	Andernach
Hammerstein	Hammerstein
Maria Laach	Der Laacher See
Ahrtal	Die Ahr
Remagen	Remagen
Rolandseck	Rolandseck
Siebengebirge	Heisterbach
Bonn	Bonn
Köln	Köln
Düsseldorf	Düsseldorf
Niederrhein	Abschied

Die literarischen Beziehungen Apollinaires zur rheinischen Dichterin, Prinzessin von Wied und rumänischen Königin sind an anderer Stelle ausführlich beschrieben[12]. Es sei hier nur auf einen neuen Befund hingewiesen, dass Apollinaire drei Postkarten mit Gedichten aus Carmen Sylva's *Mein Rhein!* nach Paris geschickt hat und dass er den schön gestalteten Band in den Händen gehabt haben dürfte, der um 1900 in fast jeder Bibliothek literarisch interessierter rheinischer Familien gestanden hat.

Die *Rhénanes* Apollinaires

Apollinaire hat aus den Erlebnissen im Rheinland in den Jahren 1901 und 1902 ingesamt etwa 70 Gedichte, Gedichtfragmente und Einschübe in andere Gedichte gestaltet[13]. Die Ausarbeitung und erst recht die Veröffentlichung erstreckten sich z. T. über einen erheblichen Zeitraum. Ob der Dichter einen rheinischen Zyklus schon während des Aufenthaltes geplant hat, muss als unsicher gelten, da nicht alle Gedichte vollendet waren. Er konnte sich aber nach Sichtung des im Rheinland erarbeiteten lyrischen Materials nicht verhehlen, dass es an Qualität und auch schierer Menge das übertraf, was er vorher geschrieben hatte. Dieses mag ihm schon 1903 zur Idee einer Sammelausgabe geleitet haben, wie sie ihm von seinen Baedeker-Reiseführern, Carl Simrocks Werken und Carmen Sylvas *Mein Rhein!* vertraut war.

Apollinaire hatte von 1901 bis 1903 fast ausschließlich Gedichte symbolistischen Charakters veröffentlicht, die er zum Teil schon vor dem Deutschlandaufenthalt begonnen hatte. Er lernte nach seiner Rückkehr in Paris Exponenten neuer literarischer Strömungen kennen, wie den Redakteur der *Revue de Paris*, Fernand Gregh, einen ausgesprochenen Feind der Symbolisten. Apollinaire trug im Frühjahr 1903 einige seiner rheinischen Gedichte im literarischen Café *La Plume* vor, die Begeisterung weckten, wie für *Schinderhannes* belegt ist. Hier machte er die Bekanntschaft von Pablo Picasso, Max Jacob und André Salmon, der wiederum einen Zugang zu dem bekannten Lyriker Paul Fort und seiner Zeitschrift *Vers et Prose* hatte[14]. Man schätzte die beschreibende Sprache des *lyrischen Realismus* seiner Reiseandenken. Er begann nun die rheinischen Gedichte an die Redaktionen zu senden und auch in seiner im November 1903 gegründeten Kulturzeitschrift *Le Festin d'Ésope* [Das Gastmahl des Äsop] zu veröffentlichen:

Titel	Erlebnis	Erstpublikation
Coblence	August 1901 Koblenz	La Vie 1924 (vor 1904)
Nuit rhénane (I)	1901/1902 Neu-Glück	La Vie 1924 (vor 1904)
La Synagogue	Sept. 1901 Unkel	LFE Jan. 1904
Les Femmes	Dez. 1901 Honnef	LFE Jan. 1904
La Loreley	Mai 1902 Bacharach	LFE Febr. 1904
Passion	Okt. 1901 Neu-Glück	LFE Febr. 1904
Schinderhannes	Juni 1902 Hunsrück	LFE Juni 1904
Automne	1901/1902 Neu-Glück	LP Juni 1905
Palais (Rosemonde)	ab 1901 Köln u.a.	RLPC Nov. 1905
Les Cloches	1902 Oberpleis	VEP Dez .1905 (vor 1904)
Mai	Mai 1902 Leutesdorf	VEP Dez. 1905 (vor 1904)

LFE = *Le Festin d'Ésope*; LP = *La Plume*; RLPC = *Revue littéraire de Paris et de Champagne*; VEP = *Vers et Prose.*

Noch vor 1904 reichte Apollinaire, die von einem Redakteur vergessenen und erst 1924 in *La Vie* veröffentlichten Gedichte *Coblence* und eine erste *Nuit rhénane* ein[15]. Michel Décaudin wies auf eine Notiz in der dritten Nummer von *Le Festin d'Ésope* im Januar 1904 hin, die nach den Gedichten *La Synagogue* und *Les Femmes* steht:

> *Diese drei* [so?] *Gedichte sind der Teil einer Sammlung, die bald erscheinen wird: Der Wind vom Rhein* [Le Vent du Rhin].

Man erinnert sich sogleich, dass das Thema des Windes in vielen rheinischen Gedichten Apollinaires eine große Rolle spielt, und in seinem ganzen Werk auch fast ausschließlich dort. Es ist der Rheinwind, der in *Mai* die nackten Blüten der Weins trocknet und die Tränen des Dichters. Der Titel *Le Vent du Rhin* wurde nach 1905 noch mehrmals von ihm angekündigt, so in seinen kurzlebigen Zeitschriften *Revue immoraliste* und *Les Lettres*:

> *Es wird nächstens von Guillaume Apollinaire erscheinen:* Der Wind vom Rhein, *gefolgt vom* Lied des Ungeliebten [*La Chanson du Mal-Aimé*].

Dazu schreibt Michel Décaudin[16]:

> *Man kann sich leicht die Zusammensetzung dieses Buches vorstellen. Apollinaire hatte von Deutschland mindestens dreißig Gedichte mitgebracht, die eine kleine malerische und sentimentale Sammlung ergeben konnten. Es war nur ein Teil seines poetischen Werkes, aber die Einheitlichkeit des Tons und der Inspiration drängte sich geradezu auf. Was nun das* Lied des Ungeliebten *anging, so musste es sich nach seiner Vollendung ganz natürlich als ein schmerzlicher Abgesang auf eine Leidenschaft hinzufügen, deren Andenken untrennbar von seinen rheinischen Erlebnissen war.*

In *Le Voile de Pourpre* findet man im Mai 1909 sechs rheinische Gedichte vereinigt[17]; zwei Jahre später folgt eine weitere Sequenz von sechs[18]. Der Sammelband *Alcools* im Jahre 1913 war mit neueren Gedichten angereichert, enthielt aber nach wie vor viele rheinische[19]. Man unterscheidet, die von Apollinaire als *Rhénanes* hervorgehobenen Stücke, weitere rheinische, die nicht als solche deklariert sind, ferner solche, die rheinisches Material im Rahmen eines anderen Konzepts enthalten, und solche, die keine Beziehung zum Rheinland haben:

Titel	Zuordnung	Ort
Zone	teilweise rheinisch	(Köln, Koblenz)
La Chanson du Mal-Aimé	teilweise rheinisch	(Siebengebirge, Honnef)
Les Colchiques	rheinisch	(Apollinaire: „Neu-Glück“)
Palais	teilweise rheinisch	(Köln)
Chantre	-	-
Crépuscule	teilweise rheinisch	(Honnef)

Annie	rheinisch	(Krayer Hof)
La Maison des morts	deutsch	(München)
Clotilde	rheinisch	(Heine-Bezüge)
Marizibill	rheinisch	(Köln)
Cortège	teilweise rheinisch	(Köln)
Le Voyageur	teilweise rheinisch	(Mosel, Siebengebirge)
Marie	-	-
La blanche neige	rheinisch	(Honnef)
Poème lu au mariage d'André Salmon	-	-
L'Adieu	-	-
Salomé	?	-
La Porte	?	-
Merlin et la vieille femme	-	-
Saltimbanques	rheinisch	(Honnef-Leutesdorf)
Le Larron	-	-
Le Vent nocturne	rheinisch	(Apollinaire: „Neu-Glück")
Lul de Faltenin	-	-
La Tzigane	rheinisch	(Honnef)
L'Ermite	teilweise rheinisch	(Honnef)
Automne	rheinisch	(Neu-Glück)
L'Émigrant de Landor Road	-	-
Rosemonde	-	-
Le Brasier	-	-
Nuit rhénane	Rhénanes	(Apollinaire: „Honnef")
Mai	Rhénanes	(Apollinaire: „Leutesdorf")
La Synagogue	Rhénanes	(Apollinaire: „Unkel")
Les Cloches	Rhénanes	(Apollinaire: „Oberpleis")
La Loreley	Rhénanes	(Apollinaire: „Bacharach")
Schinderhannes	Rhénanes	(Hunsrück, Rhein)
Rhénane d'automne	Rhénanes	(Honnef, Bruchhausen)
Les Sapins	Rhénanes	(Apollinaire: „Neu-Glück")
Les Femmes	Rhénanes	(Apollinaire: „Honnef")
Signe	rheinisch	(Honnef)
Un Soir	-	-
La Dame	-	-
Les Fiançailles	-	-
Clair de lune	-	-
1909	-	-
À la Santé	-	-
Automne malade	rheinisch	(Honnef)
Hôtels	-	-
Cors de chasse	-	-
Vendémiaire	teilweise rheinisch	(Koblenz, Mosel, Trier)

Neun Gedichte sind *Rhénanes* im vollen Sinne, zwölf weitere rheinische oder deutsche Gedichte, acht enthalten teilweise rheinisches Material. Zwanzig Gedichte sind nicht dem rheinischen Zyklus zuzuordnen. Grob die Hälfte der Gedichte von *Alcools* sind also rheinisch im weiteren Sinne. Zählt man die

Verse, so sind etwa ein Drittel rheinisch und zwei Drittel nichtrheinisch, was sich aus dem im allgemeinen größeren Umfang der neuen Gedichte erklärt. Bei der Auswahl konnte Apollinaire unabhängig vom Problem der Qualität nicht alle vorher einzeln publizierten Gedichte berücksichtigen, ohne die ausgewogene Mischung von älteren, in der Fremde erlebten, und neuen Werken in Paris nicht zu verletzen. Ein Jahr vor dem Kriegsausbruch hätte eine zu deutschlastige Gedichtsammlung keinen Erfolg gehabt, auch ein Grund, viele der rheinischen Gedichte nicht unter den Titel der *Rhénanes* aufzuführen. In eigenen und postumen Veröffentlichungen folgten dann die übrigen Rheinischen: in *Calligrammes* (1918) drei, in *Il y a* (1925) sechs, in *Le Guetteur mélancolique* (1952) vierundzwanzig, davon neun unter dem von den Herausgebern gewählten Untertitel *Rhénanes*, in Soldes mindestens zwei, und mehr als sechs Trouvaillen in neu erworbenen Tagebüchern und Notizheften in der Bibliothèque nationale[20].

Um die Fülle des rheinischen Werkes Apollinaires zu demonstrieren, sind seine bekannteren Stücke noch einmal in der Art einer Rheinreise aufgetragen. Allerdings möchte der Autor sich nicht dafür verbürgen, dass Apollinaire mit dieser *geographischen* Anordnung einverstanden gewesen wäre.

Ort	Gedicht
Bacharach	Die Loreley *[La Loreley]*, nach Clemens Brentano
Oberwesel	Schiffer auf dem Rhein *[Bateliers sur le Rhin]*
	Rheinische Nacht *[Nuit rhénane]*, Sieben Schwestern von Oberwesel
Loreley	Die Loreley *[La Loreley]*, nach Clemens Brentano
Koblenz	Koblenz *[Coblence]*; Teile von Erntemonat [Vendémiaire] und Zone *[Zone]*
Andernach	Die Fähren *[Les Bacs]*
Leutesdorf	Mai *[Mai]*
Hammerstein	Rheinische Nacht *[Nuit rhénane]* ?
Laacher See	Friedlicher Zauber *[Charme paisible]*
Unkel	Die Synagoge *[La Synagogue]*
Bruchhausen	Rheinisches Herbstlied *[Rhénane d'automne]*, Wallfahrtskirche
	Der Tag der Toten *[Le jour des morts]*
Rheinbreitbach	Dieser sehnsuchtsvolle Vogel... *[Cet oiseau langoureux...]*
	Es tut mir leid *[Mille regrets]*, Rheinischer Biergarten
	Teile von Das Frühjahr *[Le Printemps]*,Obstgärten
	Teile von Das Lied des Ungeliebten *[La Chanson du Mal Aimé]*
Bad Honnef	Rheinisches Herbstlied *[Rhénane d'automne]* Alter Friedhof
	Elegie *[Élégie]*, Feuerschlösschen oder Hardter Häuschen
	Kopfsprung *[Plongeon]*, Badeanstalt im Rheinarm
	Die Frauen *[Les Femmes]*, Winterliches Nachmittagskränzchen
	Erinnerung I *[Souvenir I]*, Winzerwirtschaft
	Im Garten von Anna *[Dans le Jardin d'Anna]*, Schaaffhausen
	Gaukler *[Saltimbanques]*
	Die Zigeunerin *[La Tzigane]*

	Kranker Herbst *[Automne malade]*
Rolandseck	Die Fähren *[Les Bacs]*
	Rolandseck *[Rolandseck]*
	Erinnerung *[Souvenir II]*
Drachenfels	Abenddämmerung *[Crépuscule]*
Siebengebirge	Entwurf zu Das Lied des Ungeliebten *[La Chanson du Mal Aimé]*
	Die Tannen *[Les Sapins]*, Blick von Oberpleis
Oberpleis	Die Glocken *[Les Cloches]*
	Passion *[Passion]*
	Die Herbstzeitlosen *[Les Colchiques]*
	Herbst *[Automne]*
	Der Nachtwind *[Le Vent nocturne]*
	Marie *[Mareye]*, ferne Erinnerung an Marie Dubois in Stavelot
Heisterbach	Der Vogel der Ewigkeit aus dem Kloster Heisterbach *[L'Oiseau d'éternité du moutier de Heisterbach]*, Cäsarius von H.
Köln	Der Dom zu Köln *[Le Dôme de Cologne]*
	Der Dom zu Köln II *[Le Dôme à Cologne]*
	Marizibill *[Marizibill]*
	Die Jungfrau mit der Bohnenblüte in Köln *[La Vierge à la fleur de haricot à Cologne]*, Wallraf-Richartz-Museum
	Das Lied von Orkenise *[La Chanson d'Orkenise]*, Rote Funken.

---

1 Joseph Gregor Lang: *Reise auf dem Rhein.* I. Theil: *Von Mainz bis Andernach.* Koblenz, 1789; II. Theil: *Von Andernach bis Düsseldorf.* Frankfurt, 1790.

2 Johann August Klein (Hrsg.): *Rheinreise von Mainz bis Cöln.* Koblenz, 1828. Karl Bädeker (Hrsg.): *Rheinreise von Basel bis Düsseldorf.* Koblenz: Bädeker, 1832.

3 K[arl] Bädeker: *Rheinreise von Basel bis Düsseldorf. Sechste verbesserte und vermehrte Auflage der Klein'schen Rheinreise.* Koblenz: Bädeker, 1849.

4 Gilbert Boudar, Michel Décaudin: *Catalogue de la Bibliothèque de Guillaume Apollinaire* [*I*]. Paris: CNRS, 1983, 27. (Baedeker: *Le Rhin de Bâle à Dusseldorf.* Coblence: Baedeker, 1852. Baedeker: *Les Bords du Rhin.* Coblenz: Baedeker, 1868. Baedeker: *Les Bords du Rhin.* Paris: Ollendorff, 1891.)

5 Adelheid von Stolterfoth: *Rheinisches Album oder der Rheingau mit dem Wisperthal und den Nachbargebieten Mainz und Wiesbaden.* Mainz 1838. Dieselbe: *Rheinische Sagen und Lieder.* Frankfurt 1839.

6 Karl Simrock: *Das malerische und romantische Deutschland in zehn Sektionen. Sechste Sektion. Die Rheinländer.* Leipzig: Wigand, 1838.

7 *Rheinisches Odeon.* Ignaz Hub, Ferdinand Freiligrath, August Schnezler (Hrsg.), Jg.1, Koblenz: Hölscher, 1836; 2. Jg., Düsseldorf: Schreiner, 1838.

8 *Rheinisches Jahrbuch (für Kunst und Poesie).* Jge. 1 und 2, Ferdinand Freiligrath, Christian Matzerath, Karl Simrock (Hrsg.), Köln: DuMont Schauberg, 1840, 1841.

9 *Rolands-Album. Zum Besten der Ruine.* Ferdinand Freiligrath (Hrsg.), Köln: DuMont Schauberg, 1840.

10 Wolfgang Müller von Königswinter: *Rheinfahrt. Ein Gedicht in neun Gesängen.* Frankfurt am Main: Literarische Anstalt, 1846.

11 Carmen Sylva: *Mein Rhein! Dichtungen.* Leipzig: Titze, 1884.

12 Kurt Roessler: *Lieder für die Königinnen. Carmen Sylva und Guillaume Apollinaire*. In: *Sieben Berge schliefen wie Tiere Müde vom Wachen über Legenden. Der Dichter Guillaume Apollinaire am Rhein 1901-1902.* Kurt Roessler, Elmar Scheuren (Hrsg.), Bornheim: Roessler, 2001, 71-82. Derselbe: *Carmen Sylva und Guillaume Apollinaire. In: Carmen Sylva & Guillaume Apollinaire*, Kurt Roessler (Hrsg.), Bornheim: Roessler, 2001, 27-38.

13 Kurt Roessler: *Rheinische und deutsche Bezüge im Werk Guillaume Apollinaires.* Bornheim: Roessler, 1998; (Manuskript, ergänzte Buchveröffentlichung in 2002 vorgesehen).

14 Michel Décaudin: *Le Dossier d'*Alcools. Genève/Paris: Droz/Minard, 1960, 23-37.

15 *La Vie*, 14, 1er mai 1924, 146.

16 Décaudin 1960, 32.

17 *Le Voile de Pourpre*, n° 2, mai 1909.

18 Florian-Parmentier: *Anthologie critique des Poètes contemporains.* Paris: Gastein-Serge, 1911.

19 Guillaume Apollinaire. *Alcools. Poèmes 1898-1913.* Paris: Mercure de France, 1913.

20 Siehe: *Apollinaire. Œuvres poétiques.* Marcel Adéma, Michel Décaudin (Hrsg.), Paris: Gallimard, ^{3}1965. *Soldes. Poèmes inédits de Guillaume Apollinaire.* Pierre Caizergues (Hrsg.), Fontfroide: Bibliothèque Artistique et Littéraire, 1985.

Texte Apollinaires zu Mittelrhein und Mosel

Die vorgelegte Sammlung umfasst: 1. Gedichte, 2. Prosatexte, 3. Zeitungsartikel, 4. Korrespondenz, 5. Eintragungen in Tagebüchern und Notizheften, 6. Sonstige Dokumente. Korrespondenz und Notizen sind nicht vollständig erhalten bzw. der Bearbeitung zugänglich. Hier dürften in Zukunft noch weitere Informationen zu erwarten sein, dabei auch Fragmente und Entwürfe weiterer rheinischer Gedichte. Die ausgearbeiteten Gedichte, Prosa und Zeitungsartikel dürften hier weitgehend vollständig vorliegen. Die Quellen ergeben ein dichtes Bild der Ansätze, Themenkreise und lyrischen Bilder, die Apollinaire im Hinblick auf sein südliches Rheinland beschäftigt haben.

Die Gedichte sind jeweils auf der linken Seite in französischer Sprache und auf der rechten in der Übertragung durch den Herausgeber wiedergegeben. Unter den französischen Texten sind die Publikationsdaten angegeben: Erstveröffentlichung (meist in Zeitschriften), weitere wichtige Veröffentlichungen in größeren Gedichtsammlungen bzw. Erzählungen und die Fundstelle in neueren Ausgaben. Den Übertragungen der Gedichte sind kurze Kommentare zugefügt. Die weiteren Texte sind nur in der deutschen Übertragung wiedergegeben. Diesen sind dann Publikationsdaten und Kommentare beigefügt. Einige der häufiger zitierten Quellen werden in Form folgender Sigeln belegt:

Alc	Guillaume Apollinaire: *Alcools*. Paris: Mercure de France, 1913.
Po	*Apollinaire. Œuvres poétiques.* Marcel Adéma, Michel Décaudin (Hrsg.), Paris: Gallimard, 1965.
Pr I	*Apollinaire. Œuvres en prose I.* Michel Décaudin (Hrsg.), Paris: Gallimard, 1977.
Pr II	*Apollinaire. Œuvres en prose complètes II.* Pierre Caizergues, Michel Décaudin (Hrsg.), Paris: Gallimard, 1991.
Pr III	*Apollinaire. Œuvres en prose complètes III.* Pierre Caizergues, Michel Décaudin (Hrsg.), Paris: Gallimard, 1993.
Co	*Guillaume Apollinaire. Correspondance avec son frère et sa mère.* Gilbert Boudar, Michel Décaudin (Hrsg.), Paris: Corti, 1987.
MS	Victor Martin-Schmets: *Guillaume Apollinaire: Correspondance Générale.* Private Mitteilung.

Poésie

Le Voyageur [extrait][1]

Un soir je descendis dans une auberge triste
Auprès du Luxembourg
Dans le fond de la salle il s'envolait un Christ
Quelqu'un avait un furet
Un autre un hérisson
L'on jouait aux cartes
Et toi tu m'avais oublié

Coblence[2]

La Moselle et le Rhin se joignent en silence
Sous les yeux innocents des filles de Coblence.
Macabre et gigantesque, un affreux monument
Montre équestre et ganté l'empereur allemand.

Coblence est trop moderne et pourtant aux boutiques
Chaque enseigne dorée est en lettres gothiques.

La Ville au confluent comme entre des ciseaux
Ne reflète le soir nul feu dans ses deux eaux
Dont quelque sifflement lointain parfois s'élance
Et trouble en leur sommeil les filles de Coblence

Vendémiaire [extrait]: La Prière de l'Europe à Coblence[3]

La Moselle et le Rhin se joignent en silence
C'est l'Europe qui prie nuit et jour à Coblence
Et moi qui m'attardais sur le quai à Auteuil

---

1 *Les Soirées de Paris*, n° 8, septembre 1912; Po, 78.
2 *La Vie*, 14, 1er mai 1924, 146.
3 *Les Soirées de Paris*, n° 10, novembre 1912; Alc; Po, 152-153.

Gedichte

Der Reisende [Auszug][4]

Eines Abends stieg ich in einem miesen Gasthaus ab
In der Nähe von Luxemburg
Im rückwärtigen Teil des Saales flog ein Christus zum Himmel auf
Einer hatte ein Frettchen
Ein Anderer einen Igel
Man spielte Karten
Und du du hattest mich vergessen

Koblenz[5]

Die Mosel und der Rhein fließen schweigend zusammen
Unter den unschuldigen Augen der Koblenzer Mädchen.
Unheildrohend und gigantisch zeigt ein schreckliches Denkmal
Den deutschen Kaiser behandschuht zu Pferd.

Koblenz ist recht modern und vor allem an den Geschäften
Haben die Schilder goldene gotische Buchstaben.

Am Zusammenfluss liegt die Stadt wie zwischen einer Schere
Am Abend spiegeln sich keine Lichter in ihren beiden Wassern
Von denen manchmal ein fernes Pfeifen erschallt
Das die Mädchen von Koblenz in Ihrem Schlafe stört

Erntemonat [Auszug]: Das Gebet der Europa in Koblenz[6]

Die Mosel und der Rhein fließen schweigend zusammen
Es ist Europa die Tag und Nacht in Koblenz betet
Und als ich mich auf dem Quai in Auteuil aufhielt

---

4 Szene in einem Gasthaus in Grevenmacher am 24. August 1901.

5 Abend des 28. August 1901; das Gedicht wurde durch ein Versehen erst 1924 publiziert.

6 Das alte Gedicht Coblence-Koblenz bildet die Grundlage eines der schönsten europäischen Dichtwerke.

Quand les heures tombaient parfois comme les feuilles
Du cep lorsqu'il est temps j'entendis la prière
Qui joignait la limpidité de ces rivières

O Paris le vin de ton pays est meilleur que celui
Qui pousse sur nos bords mais aux pampres du nord
Tous les grains ont mûri pour cette soif terrible
Mes grappes d'hommes forts saignent dans le pressoir
Tu boiras à longs traits tout le sang de l'Europe
Parce que tu es beau et que seul tu es noble
Parce que c'est dans toi que Dieu peut devenir
Et tous mes vignerons dans ces belles maisons
Qui reflètent le soir leurs feux dans nos deux eaux
Dans ces belles maisons nettement blanches et noires
Sans savoir que tu es la réalité chantent ta gloire
Mais nous liquides mains jointes pour la prière
Nous menons vers le sel les eaux aventurières
Et la ville entre nous comme entre des ciseaux
Ne reflète en dormant nul feu dans ses deux eaux
Dont quelque sifflement lointain parfois s'élance
Troublant dans leur sommeil les filles de Coblence

Les villes répondaient maintenant par centaines
Je ne distinguais plus leurs paroles lointaines
Et Trèves la ville ancienne
À leur voix mêlait la sienne
L'univers tout entier concentré dans ce vin
Qui contenait les mers les animaux les plantes
Les cités les destins et les astres qui chantent
Les hommes à genoux sur la rive du ciel

Zone [extrait] [7]

Te voici à Marseille au milieu des pastèques

Te voici à Coblence à l'hôtel du Géant

Te voici à Rome assis sous un néflier du Japon

---

7 *Les Soirées de Paris*, n°11, décembre 1912 ; Alc; Po, 42.

Als die Stunden manchmal wie Blätter fielen
Vom Weinstock weil es Zeit ist hörte ich das Gebet
Das die Klarheit dieser Flüsse verband

O Paris der Wein deines Landes ist besser als dieser
Der auf unseren Ufern wächst an den Reben des Nordens
Alle Beeren sind gereift für diesen entsetzlichen Durst
Meine Trauben starker Menschen bluten in der Presse
Du wirst mit langen Zügen das Blut Europas trinken
Denn du bist schön und nur du allein edel
Denn in dir kann Gott werden
Und alle meine Winzer in den schönen Häusern
Die am Abend ihre Lichter in unsern beiden Wassern widerspiegeln
In den schönen Häusern so fein in Schwarz und Weiß
Ohne zu wissen dass du die Wirklichkeit bist singen sie dein Lob
Wir aber mit unseren flüssigen Händen zum Gebet gefaltet
Wir führen zum Salz die abenteuerliebenden Wasser
Und die Stadt zwischen uns wie zwischen einer Schere
Spiegelt im Schlaf kein Licht in diesen beiden Wassern
Von denen manchmal ein fernes Pfeifen kommt
Das die Mädchen von Koblenz in ihrem Schlafe stört

Die Städte antworteten mittlerweile zu Hunderten
Ich konnte ihre fernen Worte nicht mehr verstehen
Und die alte Stadt Trier
Mischte ihre Stimme mit ihnen
Das ganze Universum ist in diesem Wein konzentriert
Der die Meere die Tiere die Pflanzen enthält
Die Städte das Schicksal und die singenden Sterne
Die Menschen auf Knien am Ufer des Himmels

Zone [Auszug] [8]

Da bist du in Marseille umgeben von Wassermelonen

Da bist du in Koblenz im Hotel zum Riesen

Da bist du in Rom unter einem japanischen Mispelbaum

---

8 Aufzählung seiner Reisen zum Ausdruck der Gleichzeitigkeit der Ereignisse in seinem Verstand.

Te voici à Amsterdam avec une jeune fille que tu trouves belle et qui es laide
Elle doit se marier avec un étudiant de Leyde
On y loue des chambres en latin Cubicula locanda
Je m'en souviens j'y ai passé trois jours et autant à Gouda

[Tièrces rhénanes][9]

On fauche on fait des meules au foin
Regarde couler le fleuve très loin
Où tu ne te baigneras point

Ici ne crient point les cigales
Sont écloses les digitales
Et naîtrent les soir les étoiles

Élégie du voyageur aux pieds blessés[10]

MARCHE le gars! Marche en gaieté,
Ce calme jour d'un calme été,
Où, sauf la source, tout se tait.

Va parmi les grandes fougères,
Les myrtilles et les bruyères
Où tant d'abeilles butinèrent.

La source est là comme un œil clos,
Pleurant avec de frais sanglots
La naissance triste de l'eau.

L'eau pure deviendra l'eau sale,
La source enfante et pleure ou râle,
Déplorée par les saules pâles.

Roule de vulgaires pensées,
Vieilles et saines et sensées,
Le gars! ô l'homme aux pieds blessés!

---

9 *Le Cahier de Stavelot*, Bibliothèque Nationale de France, Paris, Manuscrits, Nafr. 25604.

10 *La Grande France*, n° 27, mai 1902.

Da bist du in A'dam mit einem Mädchen das du schön findest aber häßlich ist
Sie wird bald einen Studenten von Leiden heiraten
Dort vermietet man die Zimmer auf Lateinisch Cubicula locanda
Ich erinnere mich daran ich habe dort drei Tage zugebracht und auch in Gouda

Rheinische Terzinen[11]

Man mäht und richtet Heubündel auf
Siehst du den Strom in der Ferne fließen
In dem du dich nicht mehr baden kannst

Hier singen keine Grillen mehr
Die Glockenblumen sind aufgeblüht
Und abends werden die Sterne geboren

Elegie des Wanderers mit den wunden Füßen[12]

Vorwärts Junge! wandere fröhlich,
Diesen ruhigen Tag eines ruhigen Sommers,
Wo außer der Quelle alles schweigt.

Geh unter den großen Eichen,
Durch Heidelbeeren und Heidekraut
Wo so viel Bienen Honig sammeln.

Die Quelle ist da wie ein geschlossenes Auge
Und beweint mit immer neuem Schluchzen
Die traurige Geburt des Wassers.

Das reine Wasser wird schmutzig werden,
Die junge Quelle weint oder röchelt,
Betrauert von blassen Weiden.

Es kommen vulgäre Gedanken,
Alte und heilsame und vernünftige,
Der Junge! Der Mensch mit wunden Füßen!

---

11 Wandern auf den Rheinhöhen; Baden im Rhein in *Plongeon* [Kopfsprung] Sept. 1901; die Terzien stehen im Manuskript des folgenden Gedichtes als mögliche Ergänzung, sind aber anders im Ton.

12 Symbolistisches Gedicht, 1899 in den Ardennen begonnen; Zumischung aus den rheinischen Wäldern.

Au bois tu n'as point vu de faunes;
De nymphes tu n'eus pas l'aumône
D'un iris bleu, d'un iris jaune.

Tu foules les dieux sous te pas
Au vert bâton que tu coupas
Un dieu meurt - tu ne le sais pas! -

Ah! marche l'homme sans déesses
Ni tutélaires, ni traîtresses,
Marche et tue les dieux quand ils naissent.

Tue les dieux nés de nos clairs yeux
Et dans nos âmes; le sang pieux
De tes pieds console les dieux.

Les faunes roux et les satyres
En te voyant feignent de rire
Et troublent l'eau quand tu t'y mires.

Tu marches saluant les croix,
Du bord des routes qui poudroient.
Tout rouges de ton sang et froids,

Les dieux narquois partout se meurent.
Et s'émeuvent les enchanteurs,
Les fleurs se fanent, les fées pleurent.

Schinderhannes[13]

Dans la forêt avec sa bande
Schinderhannes s'est désarmé
Le brigand près de sa brigande
Hennit d'amour au joli mai

Benzel accroupi lit la Bible
Sans voir que son chapeau pointu
À plume d'aigle sert de cible
À Jacob Born le mal foutu

---

13 *Le Festin d'Ésope*, n° 7, juin 1904; Alc; Po, 117-118.

Im Wald hast du keine Faune gesehen;
Von Nymphen hast du keine Gaben erhalten
Einer blauen Lilie, einer gelben.

Du zertrittst die Götter unter deinen Füßen
Am grünen Stock den du schneidest
Stirbt ein Gott – du weißt es nicht! –

Ah! Wandere der Mensch ohne Göttinnen
Weder beschützende noch verräterische,
Wandere und töte die neugeborenen Götter.

Töte die Götter geboren aus unseren klaren Augen
Und in unseren Seelen; das fromme Blut
Deiner Füße tröstet die Götter.

Die rothaarigen Faune und die Satyre
Täuschen Lachen vor wenn sie dich sehen
Und rühren das Wasser auf wenn du dich spiegelst.

Du wanderst und grüßt die Kreuze
Am Rande der staubigen Straßen.
Ganz rot von deinem Blut und kalt,

Sterben die spöttischen Götter überall
Die Zauberer sind erschüttert,
Die Blumen welken, die Feen weinen.

Schinderhannes[14]

Tief im Wald mit seiner Bande
Legt Schinderhannes die Waffen ab
Der Räuber bei seiner Räuberbraut
Wiehert vor Liebe im schönen Mai

Am Boden kauernd liest Benzel die Bibel
Und sieht nicht dass auf die Feder
Des Adlers an seinem spitzen Hut
Jacob Born der Tunichtgut zielt

---

14 Nach Zeitungsberichten zur Festnahme des Banditen vor 100 Jahren am 14. Juni 1902.

Juliette Blaesius qui rote
Fait semblant d'avoir le hoquet
Hannes pousse une fausse note
Quand Schulz vient portant un baquet

Et s'écrie en versant des larmes
Baquet plein de vin parfumé
Viennent aujourd'hui les gendarmes
Nous aurons bu le vin de mai

Allons Julia la mam'zelle
Bois avec nous ce clair bouillon
D'herbes et de vin de Moselle
Prosit Bandit en cotillon

Cette brigande est bientôt soûle
Et veut Hannes qui n'en veut pas
Pas d'amour maintenant ma poule
Sers-nous un bon petit repas

Il faut ce soir que j'assassine
Ce riche juif au bord du Rhin
Au clair des torches de résine
La fleur de mai c'est le florin

On mange alors toute la bande
Pète et rit pendant le dîner
Puis s'attendrit à l'allemande
Avant d'aller assassiner

La Loreley[15]

À BACHARACH il y avait une sorcière blonde
Qui laissait mourir d'amour tous les hommes à la ronde

Devant son tribunal l'évêque la fit citer
D'avance il l'absolvit à cause de sa beauté

O belle Loreley aux yeux pleins de pierreries
De quel magicien tiens-tu ta sorcellerie

---

15 *Le Festin d'Ésope*, n° 4, février 1904; Alc; Po, 115-116.

Juliette Blaesius die rülpst
Will es als Schluckauf verkaufen
Hannes bläst einen falschen Ton
Und Schulz bringt einen hölzernen Kübel

Und schreit zu ihnen unter Tränen
Das ist ein Kübel mit Kräuterwein
Kommen heute noch die Gendarmen
Haben wir doch unsere Bowle gehabt

Komm Julia du kleines Fräulein
Trink mit uns die klare Brühe
Von Kräutern und von Moselwein
Prosit du Bandit im Rock

Die Räuberbraut ist bald schon voll
Und will mit dem Hannes der aber nicht
Kein Vögeln hier mein Hühnchen
Bring uns was zu Essen ran

Diesen Abend muss ich ermorden
Den reichen Juden unten am Rhein
Bei der Fackeln trübem Schein
Die Blume des Mai ist für mich der Gulden

Sie essen es lacht die ganze Bande
Und furzt beim Essen hemmungslos
Es folgt eine deutsche Besinnungspause
Bevor man dann ans Mordwerk geht

Die Loreley[16]

Zu Bacharach am Rhein wohnt eine blonde Zauberin
Die machte vor Liebe sterben die Männer ringsumher

Der Bischof ließ sie laden vor geistliches Gericht
Und hat der Schönheit wegen voraus ihr Gnade gewährt

Ich bin müde zu leben meine Augen sind verwunschen
Alle die mich angeschaut Bischof sind vergangen

---

16 Apollinaire verändert Brentanos Vorlage besonders gegen Ende mit dem Thema der Selbstverzauberung.

Je suis lasse de vivre et mes yeux sont maudits
Ceux qui m'ont regardée évêque en ont péri

Mes yeux sont des flammes et non de pierreries
Jetez jetez aux flammes cette sorcellerie

Je flambe dans ces flammes ô belle Loreley
Qu'un autre te condamne tu m'as ensorcelé

Évêque vous riez Priez plutôt pour moi la Vierge
Faites-moi donc mourir et que Dieu vous protège

Mon amant est parti pour un pays lointain
Faites-moi donc mourir puisque je n'aime rien

Mon cœur me fait si mal il faut bien que je meure
Si je me regardais il faudrait que j'en meure

Mon cœur me fait si mal depuis qu'il n'est plus là
Mon cœur me fait si mal du jour où il s'en alla

L'évêque fit venir trois chevaliers avec leurs lances
Menez jusqu'au couvent cette femme en démence

Va-t'en Lore en folie va Lore aux yeux tremblants
Tu seras une nonne vêtue de noir et blanc

Puis ils s'en allèrent sur la route tous les quatre
La Loreley les implorait et ses yeux brillaient comme des astres

Chevaliers laissez-moi monter sur ce rocher si haut
Pour voir encore une fois mon beau château

Pour me mirer une fois encore dans le fleuve
Puis j'irai au couvent des vierges et des veuves

Là-haut le vent tordait ses cheveux déroulés
Les chevaliers criaient Loreley Loreley

Tout là-bas sur le Rhin s'en vient une nacelle
Et mon amant s'y tient il m'a vue il m'appelle

Mon cœur devient si doux c'est mon amant qui vient
Elle se penche alors et tombe dans le Rhin

Pour avoir vu dans l'eau la belle Loreley
Ses yeux couleur du Rhin ses cheveux de soleil

O schöne Loreley mit Augen wie von Edelsteinen
Von welchem Meister hast du deine Zauberkraft

Meine Augen das sind Flammen und keine Edelsteine
Werft endlich doch ins Feuer die ganze Zauberei

Bin schon von den Flammen erfasst du schöne Loreley
Ein Anderer spreche das Urteil ich fiel deinem Zauber anheim

Sie sollten nicht scherzen sondern Maria bitten für mich
Lasst mich doch sterben und möge euch Gott behüten

Mein Geliebter ist fortgezogen weg in ein fernes Land
Lasst mich doch sterben ich kann nichts mehr lieben

Mein Herz ist so schwer ich muss doch endlich sterben
Wenn ich mich ansehe dann muss ich davon sterben

Mein Herz ist so schwer seitdem er entschwunden
Mein Herz ist so schwer vom Tage des Verlassens an

Der Bischof ließ drei Ritter kommen mit Lanzen in der Hand
Führt diese Frau ins Kloster die den Verstand verlor

Geh Lore im Wahn geh Lore mit zitternden Augen
Du wirst bald Nonne sein mit schwarzem und weißem Habit

Darauf zogen sie alle vier auf der Straße dahin
Lore beschwor die Ritter ihre Augen glänzten wie Sterne

Erlaubt mir Ritter auf diesen hohen Felsen zu steigen
Ein letztes Mal mein schönes Schloss anzuschauen

Um mich im Strome noch einmal zu spiegeln
Dann geh ich zu Nonnen und Witwen ins Kloster

Da oben zerzauste der Wind ihr aufgelöstes Haar
Die Ritter schrieen zu ihr hinauf Loreley Loreley

Auf dem Rhein kam unten ein Boot geschwommen
Da ist ja mein Liebster er sieht mich und ruft mich

Mein Herz wird mir so weich beim Kommen des Liebsten
Sie streckt sich vor und stürzt hinab in den Rhein

Denn sie hatte sich selber im Wasser gesehen
Augen von der Farbe des Rheins und Haare von Sonnenschein

Bateliers sur le Rhin[17]

Oh notre fleuve aux rives vertes
Nous avons vu
De filles se baigner nues
Elles ont ri
Elles étaient sept
Et n'étaient pas diaboliques
Car nos signes de croix
Ne les ont point fait se dissiper

Oh notre fleuve
Une dame est sur une roche
Elle se penche et se mire dans le fleuve

Elle sourit
Se penche plus loin encore et tombe
Nous sommes trop loin pour la sauver
Dieu aît son âme

Nous l'avons vue
Reparaître plusieurs fois
À la surface du Rhin Hélas
Elle était belle sur la roche nue

Et nous l'aimerons toujours

Aucune fille allemande...[18]

Aucune fille allemande
N'a ta divine beauté
Tes yeux tes cheveux de légende
Ton corps fruitier comme l'été

---

17 Pièce en prose dans le premier manuscrit du Poète assassiné; Michel Décaudin: *Le Dossier d'Alcools.* Geneve/Paris: Droz/Minard, 1960, 178; mise en forme d'un poème libre par K.R.

18 Fragment à la Bibliothèque Nationale de France, Paris, Manuscrits, Nafr. 16280.

Schiffer auf dem Rhein[19]

Unser Fluss mit deinen grünen Ufern
Wir haben Mädchen
Nackt baden gesehen
Sie haben gelacht
Es waren sieben
Sie hatten gar nichts Teuflisches an sich
Denn unsere Kreuzzeichen
Haben sie jedenfalls nicht vertreiben

Unser Fluss
Eine Dame sitzt auf einem Felsen
Sie beugt sich vor und spiegelt sich im Fluß

Sie lächelt
Beugt sich weiter vor und stürzt hinein
Wir sind zu weit weg um sie zu retten
Gott nehme ihre Seele auf

Wir haben sie
Mehrmals auftauchen gesehen
An der Oberfläche des Rheins Ach
Sie war so schön auf dem nackten Felsen

Wir brennen immer in Liebe zu ihr.

Kein deutsches Mädchen[20]

Kein deutsches Mädchen
Hat deine göttliche Schönheit
Deine Augen und Haare wie aus Legenden
Deinen Körper wie ein Obstbaum im Sommer

---

19 Der Prosatext mischt die Sagen der Loreley, der Sieben Schwestern von Oberwesel und der Pfalzgräfin Jutta (Heine); durch K.R. in der Art Apollinaires in ein freies Gedicht transformiert.

20 Das Gedicht ist seiner englischen Freundin Annie Playden gewidmet.

Mai[21]

Le mai le joli mai en barque sur le Rhin
Des dames regardaient du haut de la montagne
Vous êtes si jolies mais la barque s'éloigne
Qui donc a fait pleurer les saules riverains

Or des vergers fleuris se figeaient en arrière
Les pétales tombés des cerisiers de mai
Sont les ongles de celle que j'ai tant aimée
Les pétales flétris sont comme ses paupières

Sur le chemin du bord du fleuve lentement
Un ours un singe un chien menés par des tziganes
Suivaient une roulotte traînée par un âne
Tandis que s'éloignait dans les vignes rhénanes
Sur un fifre lointain un air de régiment

Le mai le joli mai a paré les ruines
De lierre de vigne vierge et de rosiers
Le vent du Rhin secoue sur le bord les osiers
Et les roseaux jaseurs et les fleurs nues des vignes

Le Printemps [extrait][22]

Les pétales tombés des pêchers qui fleurissent
Sont les ongles cruels des tendres bien-aimées
Les cerisiers défleuriront au mois de mai
Leurs fleurs sont des bourgs qui là-bas se rapetissent

Que de jardins autour des villages lointains
Des hameaux sans clocher où vont les oiseleurs
Vienne le vent Adieu les bourgs de tout à l'heure
Où des gestes fatals étaient si clandestins.

---

21 Daté: *Leutesdorf, mai 1902*; *Vers et Prose*, t. IV, février 1906; Alc; Po, 112.
22 *Les Cahiers de la Pléiade*, vol XIII, automne 1951-printemps 1952 ; Po, 556-559.

Mai[23]

Im Mai im schönen Mai in Booten auf dem Rhein
Herab von Bergeshöhe schauten Damen heiter
Ihr seid so schön jedoch das Boot es gleitet weiter
Die Uferweiden weinen was macht ihnen Pein

Die Blüten hinter uns erstarrten an den Bäumen
Die Blütenblätter die im Mai der Kirschbaum gibt
Sind *ihre* Fingernägel die ich so geliebt
Verwelkt sind sie wie Augenlider über Träumen

Gemach auf seinem Weg entlang den Stromesrand
Folgten Zigeuner dort mit Affe Bär und Hunden
Dem Zirkuswagen dem ein Esel vorgespannt
Indes im Weingelände das der Rhein durchwand
Mit ferner Pfeifen Lied ein Tambourcorps entschwunden

Der Mai der schöne Mai schmückt die Ruinen mild
Mit Efeu Heckenrosen und mit wildem Weine
In Uferweiden spielt und wühlt der Wind vom Rheine
In Rebenblüten nackt und plauderhaftem Schilf

Der Frühling [Auszug][24]

Die Blütenblätter gefallen von blühenden Pfirsichbäumen
Sind die grausamen Fingernägel der zarten Geliebten
Die Kirschbäume werden im Monat Mai verblühen
Ihre Blüten sind wie die Orte die ferne kleiner werden

Was für Gärten rund um die fernen Dörfer
Flecken ohne Kirchtürme wo Vogelfänger gehen
Es komme der Wind Adieu ihr Orte von soeben
Wo schicksalhafte Gesten so verstohlen waren

---

23 Datiert: *Leutesdorf, Mai 1902*; Das Gedicht beschreibt eine Bootsfahrt den Rhein hinab.

24 Die rheinischen Passagen des Gedichtes zeigen eine starke Verwandtschaft zu dem vorigen und dem folgenden Gedicht.

Les villages au vent deviennent des paupières
Voyez voyez cligner des yeux les cerisiers
Passent les oiseleurs et leurs cages d'osier
Pour les simples oiseaux qui pour nous pépièrent [...]

Les jardins à leurs murs ont des tentations
Pour la faim des passants Ce sont des capucines
Des lambrusques et des fleurs de la Passion
Qui offrent tendrement deux couronnes d'épines

Vous êtes un verger plein de tentations...[25]

Vous êtes un verger plein de tentations
Pour la faim des passants ce sont des capucines
Des lambrusques et de fleurs de la Passion
Qui offrent tendrement deux couronnes d'épines

Vous êtes un verger de printemps et d'automne
Où les arbres se bombent au ciel monotone
Où les printemps des fleurs et l'automne des fruits
Parfument sous le ciel en même temps les nuits

Les pétales tombés des branches fruitières
Sont vos ongles cruels couleur de fleur de mai
Les pétales flétris sont comme vos paupières
Ô vous le printemps pur et l'automne pâmé

Saltimbanques[26]

Dans la plaine les baladins
S'éloignent au long des jardins
Devant l'huis des auberges grises
Par les villages sans églises

---

25 Poème composé entre le 14 et le 27 avril 1903 pour sa voisine Yvonne d'Albeyron à Paris, 29, rue de Naples; *Journal intime 1898-1918*. Paris: éditions du limon, 1991, F° 25, 125-126; Po 544.

26 *Les Argonautes*, n° 9, février 1909; Alc; *Po*, 90.

Die Dörfer im Wind sind wie Augenlieder
Seht nur seht die Kirschbäume mit den Augen blinzeln
Die Vogelfänger ziehen vorbei mit den Käfigen
Für die kleinen Vögel die für uns singen [...]

Die Gärten bieten an ihren Mauern Versuchungen
Für den Hunger der Vorübergehenden
Kapuzinerkresse wilden Wein und Passionsblumen
Die ganz zart zwei Dornenkronen anbieten

Sie sind ein Obstgarten voller Versuchungen[27]

Sie sind ein Obstgarten voller Versuchungen
Für den Hunger der Vorübergehenden
Wilder Wein und Passionsblumen
Die ganz zart zwei Dornenkronen anbieten

Sie sind ein Obstgarten im Frühling und im Herbst
Wo die Bäume sich zum grauen Himmel hinaus wölben
Wo der Frühling der Blumen und der Herbst der Früchte
Gleichzeitig unter dem Himmel die Nächte mit Duft erfüllen

Die Blütenblätter gefallen von Obstbaumzweigen
Sind Ihre grausamen Fingernägel maiblumenfarben
Die verwelkten Blütenblätter sind wie Ihre Augenlider
O Sie der reine Frühling und der ohnmächtige Herbst

Gaukler[28]

In der Ebene ziehen die Gaukler
An den Mauern der Gärten entlang
Vorbei an Toren grauer Gasthäuser
Durch kleine Dörfer ohne Kirchen

---

27 In diesem Gedicht an seine kurzfristige Nachbarin Yvonne d'Albeyron in Paris im Frühjahr 1903 verwendet Apollinaire lyrisches Material, das aus seiner Beziehung zu Annie Playden im Rheinland stammt. Die Bezüge zu *Mai* und *Der Frühling* sind auffällig.

28 Ein Photo um 1900 zeigt diese Gruppe von Zigeuner-Schaustellern in der Ortsmitte von Honnef.

Et les enfants s'en vont devant
Les autres suivent en rêvant
Chaque arbre fruitier se résigne
Quand de très loin ils lui font signe

Ils ont des poids ronds ou carrés
Des tambours des cerceaux dorés
L'ours et le singe animaux sages
Quêtent des sous sur leur passage

Dans la plaine les baladins ...[29]

Dans la plaine les baladins
S'éloignent au long des jardins
Devant l'huis des auberges grises
Par des villages sans église
Avec des poids ronds et carrés
Des tambours des cerceaux dorés
Chaque arbre fruitier se résigne
Quand de très loin ils lui font signe
La main d'un petit saltimbanque
Supplée au mouchoir qui lui manque

Les petits enfants vont devant
Les hommes suivent en rêvant
Chaque arbre fruitier se résigne
Quand de très loin ils lui font signe
Ils ont des poids ronds ou carrés
Des tambours des cerceaux dorés
L'ours et le singe animaux sages
Quêtent des sous sur leur passage

L'un qui meurt en chemin
Et que l'on oubliera demain
La main d'un petit saltimbanque
Supplée au mouchoir qui lui manque
Et la femme donne à téter
Le lait d'oubli comme un Léthé

---

29 Manuscrit de 1905 au Fonds Doucet; Po, 1056.

Die Kinder laufen ganz vorne mit
Die Anderen folgen träumend hintendrein
Jeder Obstbaum fügt sich in sein Los
Wenn sie von ferne Zeichen geben

Sie haben runde und eckige Gewichte
Trommeln und goldene Reifen
Der Bär und der Affe dressierte Tiere
Bitten um Gaben im Vorübergehen

In der Ebene ziehen die Gaukler[30]

In der Ebene ziehen die Gaukler
An den Mauern der Gärten entlang
Vorbei an Toren grauer Gasthäuser
Durch kleine Dörfer ohne Kirchen
Sie haben runde und eckige Gewichte
Trommeln und goldene Reifen
Jeder Obstbaum fügt sich in sein Los
Wenn sie von ferne Zeichen geben
Die Hand eines kleinen Gauklers
Ersetzt ihm das Taschentuch das er nicht hat

Die kleinen Kinder gehen ganz vorne mit
Die Männer folgen träumend hintendrein
Jeder Obstbaum fügt sich in sein Los
Wenn sie von ferne Zeichen geben
Sie haben runde und eckige Gewichte
Trommeln und goldene Reifen
Der Bär und der Affe als kluge Tiere
Bitten um Gaben im Vorübergehen

Den Einen der am Wege gestorben
Wird man morgen vergessen haben
Die Hand eines kleinen Gauklers
Ersetzt ihm das Taschentuch das er nicht hat
Und die Frau gibt zum Säugen
Die Milch des Vergessens wie Lethe

---

30 Die Zigeuner-Schausteller-Gedichte haben 1904/05 Picasso zu seiner Serie angeregt.

À son Jésus près du nain triste
Et un Arlequin trismégiste
Et l'enfant tette goulûment
L'aveugle berce un bel enfant
La biche passe avec ses faons
La danseuse rit du nain triste

Nuit rhénane[31]

Mon verre est plein d'un vin trembleur comme une flamme
Écoutez la chanson lente d'un batelier
Qui raconte avoir vu sous la lune sept femmes
Tordre leurs cheveux verts et longs jusqu'à leurs pieds

Debout chantez plus haut en dansant une ronde
Que je n'entende plus le chant du batelier
Et mettez près de moi toutes les filles blondes
Au regard immobile aux nattes repliées

Le Rhin le Rhin est ivre où les vignes se mirent
Tout l'or des nuits tombe en tremblant s'y refléter
La voix chante toujours à en râle-mourir
Ces fées aux cheveux verts qui incantent l'été

Mon verre c'est brisé comme un éclat de rire

Annie[32]

Sur la côte du Texas
Entre Mobile et Galveston il y a
Un grand jardin tout plein de roses
Il contient aussi une villa
Qui est une grande rose

Une femme se promène souvent
Dans le jardin toute seule

---

31 Daté: *Honnef, mai 1902*; Florian-Parmentier: *Anthologie critique des Poètes contemporains*, Paris: Gastein-Serge, 1911; Alc; Po, 111.

32 Sous les titres *Fanny* dans *Les Soirées de Paris*, n° 8, septembre 1912 et *Annie* dans Alc; Po, 65.

Ihrem kleinen Jesus neben einem traurigen Zwerg
Und einem dreimalmächtigen Harlekin
Und das Kind saugt hingebungsvoll
Der Blinde wiegt ein schönes Kind
Die Hirschkuh zieht mit ihren Kitzen vorbei
Die Tänzerin lacht über den traurigen Zwerg

Rheinische Nacht[33]

Mein Glas ist voller Wein und zittert wie ein Licht.
Hört an, wie träge da sein Lied ein Schiffer singt:
Der Frauen sieben sah er in dem Mondenlicht,
Sah flechten sie ihr Haar, das grün und lang sich schlingt.

Steht auf, singt lauter mir und tanzet froh umher,
Daß ich nicht höre, wie sein Lied der Schiffer singt.
Bringt alle Mädchen mir, die Blonden, die beringt
Von schweren Flechten sind, und setzt sie um mich her;

Denn trunken ist der Rhein, drin mit der goldnen Nacht
Der Weinberg einfällt wie ein jäh erschauernd Blatt,
Und doch die Stimme noch, so träg und sterbensmatt,
Und auch die grünen Feen, in schwerer Sommernacht ...

Zerbrochen ist mein Glas, als hätt es laut gelacht.

Annie[34]

An der Küste von Texas
Zwischen Mobile und Galveston gibt es
Einen Garten ganz voll Rosen
Und auch eine Villa darin
Die aussieht wie eine große Rose

Eine Frau geht häufig auf und ab
In dem Garten ganz allein

---

33 Datiert: *Honnef, Mai 1902*; enthält aber auch lyrisches Material vom Mittelrhein.

34 Das Gedicht spielt auf die Flucht der Protestantin Annie Playden 1904 nach Amerika an; Variation einer älteren Fassung über die beim Krayer Hof gelegene Kolonie der Mennoniten in Jakobsthal.

Et quand je passe sur la route bordée de tilleuls
Nous nous regardons

Comme cette femme est mennonite
Ses rosiers et ses vêtements n'ont pas de boutons
Il en manque deux à mon veston
La dame et moi suivons presque le même rite

Les Bacs[35]

Les bacs du Rhin s'en vont et viennent
Au long de la belle saison
Et les passeurs qui les déchaînent
Dorment dessus dans la maison

Les bacs du Rhin y vont et viennent
Passant la vie et le trépas
Radeaux perdus on ne voit pas
Dans l'eau les chaînes qui les tiennent

Le passeur a dans la maison
Un petit lit qui n'est qu'un coffre
Un saint Christophe à qui l'on offre
Des fleurs dans la belle saison

Un chapelet et des bouteilles
Pleines jusqu'à leur long goulot
De vrai vin clair comme le flot
D'or comme ses boucles d'oreilles

Et lorsque la cloche a sonné
Dans la nuit sur la rive adverse
Sous les étoiles sous l'averse
Le vieux passeur jure en damné

Chaussé de sandales d'étoffe
À pas sourds il va déchaîner
Et laissant la cloche sonner
Invoque le bon saint Christophe

---

35 Daté: *Andernach,* [août] *1902*; *Le Guetteur mélancolique.* Paris: Gallimard, 1952; Po, 536-537

Komme ich auf der Straße vorbei unter den Lindenbäumen
Dann sehen wir uns an

Da diese Frau Mennonitin ist
Haben ihre Rosenbüsche und ihre Kleider keine Knöpfe
Mir fehlen auch zwei an meiner Jacke
Die Dame und ich folgen fast demselben Ritus

Die Fähren[36]

Die Fähren am Rhein gehen und kommen
Die ganze schöne Jahreszeit lang
Und die Fährleute die sie loswerfen
Schlafen in einem Häuschen darauf

Die Fähren am Rhein hier gehen und kommen
Sie fahren am Leben am Tod vorbei
Treibende Flöße man sieht nicht
Im Wasser die Ketten die sie halten

Der Fährmann hat in seinem Häuschen
Ein kleines Bett nicht mehr als ein Kasten
Einen heiligen Christophorus dem opfert
Man Blumen in der schönen Jahreszeit

Ein Rosenkranz und Flaschen
Gefüllt bis an ihren langen Hals
Mit wahrem klaren Wein wie ein Strom
Von Gold wie ihre Ohrringe

Und wenn die Glocke geschlagen hat
In der Nacht am anderen Ufer
Unter Sternen oder im Platzregen
Dann flucht der alte Fährmann zur Verdammnis

Stoffsandalen an den Füßen
Mit dumpfen Schritt kommt er die Taue zu lösen
Und die Glocke zu läuten
Ruft den lieben Sankt Christophorus an

---

36 Datiert: *Andernach,* [August] *1902*; vor seiner Abreise nach Paris; Schmerz über die Trennung von Annie Playden.

Sur l'autre rive Entrez Jésus
Passez beau gars Venez la belle
Le bac est mieux qu'une nacelle
Pour prier pour aimer dessus

Parfois on a meilleure charge
Landaus charrettes c'est selon
De beaux vapeurs passent en long
Et le bac toujours passe en large

Passeur passe jusqu'au trépas
Les bacs toujours s'en vont et viennent
Et les chaînes qui les retiennent
Dans l'eau claire ne se voient pas

D'ahan les passeurs les déchaînent
Il faut passer il faut passer
Passer et puis recommencer
Les bacs du Rhin y vont et viennent

Les Bacs, dernière strophe [version originale] [37]

D'ahan les passeurs les déchaînent
Et passent Tout est-il passé
Tout est passé lassé cassé
Et les passagers s'en souviennent

---

37 Daté: *Andernach, août 1902*; une copie dactylographiée du poème *Les Bacs*; Po, 1132.

Am anderen Ufer dann: Tritt ein Herr Jesus
Komm schöner Junge komm du Schöne
Die Fähre ist besser als ein Bötchen
Um darauf zu beten zu lieben

Manchmal gibt es bessere Fracht
Landauer Karren je nachdem
Die schönen Dampfschiffe fahren längs
Die Fähre immer quer dazu

Fährmann fahre bis zum Tod
Die Fähren gehen immer und kommen
Und die Ketten die sie festhalten
Im klaren Wasser sieht man nicht

Schon immer werfen die Fährleute sie los
Man muss hinüberfahren hinüber
Hinüberfahren und neu beginnen
Die Fähren am Rhein hier gehen und kommen

Die Fähren, letzte Strophe [originale Fassung] [38]

Schon immer werfen die Fährleute sie los
Und fahren hinüber Ist alles vorbei
Ja alles ist vorbei zerronnen zerbrochen
Und das bleibt in den Fährgästen haften

---

38 Datiert: *Andernach, August 1902*; eine maschinengeschriebene Kopie zeigt die ursprünglich viel bittere letzte Strophe des Gedichtes *Die Fähren*.

Prosa

Que vlo-ve? [wallonisch: Willste-was?] [Auszug]

Die Gitarre von Que vlo-ve? hatte etwas von dem beständigen Wimmern des Windes in den belgischen Ardennen. Que vlo-ve? war wie eine Gottheit in diesem Wald, in dem Genoveva von Brabant herumirrte, von den Ufern der Maas bis zum Rhein, durch die Vulkaneifel zu den toten Meeren, den Maaren von Daun, die Eifel, wo die Apollinaris-Quelle sprudelt, wo der See von Maria Laach wie ein Spuckfleck der Heiligen Jungfrau aussieht...

Le Festin d'Ésope, November 1903; Erzählung in *L'Hérésiarque et Cie*, Paris: Stock, 1910; PrI, 148-157.
[Ganz am Anfang der Erzählung, die auf Erlebnisse im Jahre 1899 in den Ardennen bei Stavelot in Belgien basiert, taucht eine Beschreibung der mehr als zwei Jahre späteren Eindrücke in der Südosteifel und im Ahrtal von 1901-1902 auf, die Apollinaire bei der Redaktion seiner Erzählung im Jahre 1903 in den älteren Grundtext eingefügt hat.]

La Comtesse d'Eisenberg [Die Gräfin von Eisenberg]

Der Graf von Eisenberg hatte seine erste Frau sehr geliebt. Er hatte sie in Bonn kennengelernt, als er Student war und hatte sie nach einer etwas länglichen Verlobungszeit geheiratet. Während der Flitterwochen, nach einer Kreuzfahrt in Norwegen und einer Reise durch Italien, hatte sich das Ehepaar in einer Villa niedergelassen, die es am Ufer des Rheins besaß, am Fuß der Sieben Berge. Die Lage war ganz ausgezeichnet. Der Park war voll von Silbertannen, die den Reichtum der rheinischen Gärten darstellen. Von ihm aus sah man die sagenumwobenen Berge in denen Siegfried den Drachen getötet hat.

An einem Tag im Herbst musste der Graf nach Köln fahren, kam aber früher zurück, als er angegeben hatte. Er öffnete das Gittertor zum Park und fluchte schrecklich bei dem Anblick, der sich seinem Blick bot. Die Gräfin saß auf einer bemoosten Bank und ein junger Gärtner mit offenem Hemd kniete ganz nahe bei ihr. Von Eifersucht gepackt, rannte der Graf auf das Paar zu. Ohne einen Blick auf seine Frau zu werfen, packte er den Burschen mitten um den Leib und warf ihn über die Einfriedungsmauer auf die Straße, die unterhalb des Grundstücks vorbei führte. Der Gärtner war auf der Stelle tot und wurde von Vorübergehenden gefunden. Sein in jeder Weise mysteriöser Tod wurde einem Akt der Verzweiflung zugeschrieben und die Annahme eines Selbstmordes beschloss die Geschichte.

Aber damit war es mit dem Eheglück des Grafen vorbei. Er sprach kein Wort mit seiner Frau mehr und zwang sie, ganz zurückgezogen zu leben. Vor den Augen des Personals verriet nichts die Trennung des Paares, aber sie war tief. Zwei im Stolz ähnliche Menschen hatten sich verletzt und Verzeihung konnte es weder von der einen noch der anderen Seite geben. Die Gräfin hatte sich nicht gerechtfertigt und der Ausdruck der Verachtung ihrem Gatten gegenüber zeigte, dass sie sich nicht für schuldig hielt und dass eine Erklärung im Licht eines konventionellen Verhaltens völlig überflüssig war. Ihre Zuneigung war darüber gestorben, während die des Grafen sich durch die unterschwellige Reue, vielleicht ungerecht gewesen zu sein, am Leben hielt. Er litt dabei wie ein Verdammter. Zwischen Liebe und Stolz steht die Brutalität, die sie bekräftigt. Es gab keine Gemeinheit, die der Graf nicht an seiner Frau ausließ. Dieses Leben wurde unerträglich. Die Gräfin flüchtete sich innerlich weit weg von dem, der ihr verhasst geworden war.

Am Sonntag nach Ostern des kommenden Jahres, war der Graf ausgegangen. Die Gräfin stand mit den Ellenbogen auf die Mauer der Villa gestützt und betrachtete den Rhein, auf dem die Dampfboote dahin zogen, voll von Studenten und jungen Mädchen, die Lieder sangen, auf die das Echo antwortete. Auf der Straße zog eine Karawane. Das waren Zigeuner, schön und zerlumpt. Sie gingen zu Fuß neben den Wohnwagen voll von Frauen und Kindern. Die einen führten Pferde am Zügel, die anderen hielten Bären an der Leine, Affen oder Hunde! Sie bettelten im Vorbeiziehen um Gaben und schienen dennoch stolz wie die Freiheit. Es gab alte und junge und einer von ihnen, dessen Ohren mit goldenen Ringen geschmückt waren, richtete seinen Blick starr auf die Gräfin, deren Herz heftig an zu schlagen fing. Sie seufzte auf. Diese Vaganten, ihre Tiere, die Klänge der Zitter und des Zimbals, die aus den Wagen schallten, wurden ihr zum Schicksal. Sie machte ein Zeichen, stieg auf die Mauer und fiel in die Arme des Zigeuners mit den Ohrringen.
„Ich habe nichts.“, sagte sie ihm „Willst du mich mit dir nehmen, so wie ich bin, und mich ein ganzes Leben lang lieben?“ Er antwortete bedächtig: „Ich will es, aber erinnere dich daran, dass in unserer Sprache *Leben* und *Tod* dasselbe Wort sind, so wie *gestern* und *morgen* und wie *Liebe* und *Hass*.“
...Trotz aller Nachforschungen fand man keine Spur von der Gräfin mehr.

Vierzig Jahre waren dem Graf dahingegangen. Seine Haare waren weiß geworden. Mit seiner Liebe, die die Zigeuner entführt hatten, war auch sein Glück geschwunden. Nichts war ihm seitdem mehr geglückt. In seiner Laufbahn erlitt er nur Enttäuschungen. Aus Vernunftgründen und um sich der Aufdringlichkeit seiner Familie zu entziehen, hatte er sich mit einer seiner Cousinen wieder verheiratet, die er aber nicht liebte und die starb, nachdem sie eine Tochter in die Welt gesetzt hatte. Der Graf hatte sich dann ganz in seine rheinische Villa am Fuß der Sieben Berge zurückgezogen, um hier seine Tage mit der Erziehung seiner Tochter zu beschließen.
Eines Tages musste er nach Koblenz fahren und auf dem Weg zum Bahnhof begegnete ihm eine Zigeunertruppe, die mit ihren Wohnwagen und mit ihren dressierten Tieren der Straße folgten. Eine alte Zigeunerin näherte sich ihm und bat um eine Gabe. Er sah sie an und war wie geschlagen, als er in diesem alten, entstellten und vom Leben gezeichneten Gesicht einige Züge des lieblichen Antlitzes der ersten Gräfin von Eisenberg wieder erkannte. Er bemerkte die Ähnlichkeit zwar, aber er hielt sich nicht damit auf. Was konnte es schon Gemeinsames zwischen einer alten Zigeunerin, die auf einem Strauß von Haselnuss-Zweigen und Weidenkätzchen

herum kaute, und der Gräfin geben, nachdem sich diese offenkundig im Rhein ertränkt hatte und ihr Körper nicht mehr gefunden werden konnte, so als ob die Zwerge sie unbeweglich aber lebend in einem Glassarg in der Tiefe einer ihrer sagenumwobenen Höhlen bewachen würden.
...Anstelle das Geld anzunehmen, das ihr der Graf anbot, zog sie ihre Hand zurück. Die Münzen fielen in den Staub. „Mein Name", schrie die alte Frau „ist ein Wort, das in unserer Sprache zugleich *Glück* und *Unglück* bedeutet, Glück für mich und Unglück für dich." Der Graf setzte seinen Weg fort. Was er gehört hatte, berührte ihn merkwürdig. Er war aber in Eile und wollte auch dem Gefasel einer alten Zigeunerin keine Aufmerksamkeit schenken. Er ging schneller und hatte die Szene schon vergessen, als er in seinen Zug nach Koblenz stieg.

Als er am Abend wiederkam, fand er seine Villa abgebrannt. Das Feuer hatte sie von Grund auf zerstört und die Ruinen rauchten noch. Von den Flammen überrascht und in Panik, war sein Tochter aus dem Fenster gesprungen, um dem Feuer zu entgehen. Sie war auf der Stelle tot. Bei den Umstehenden sprach man von einer Zigeunertruppe, die um die Villa herum gestrichen war und man hatte in der Glut in der Mitte der zusammengefallenen Villa eine alte Zigeunerin ausgelassen tanzen gesehen, wobei sie das Tamburin schlug.... Als man sie fangen wollte, war sie leichtfüßig entwischt und in der Dunkelheit verschwunden.

Le Soleil, 19. Oktober 1907; PrI, 387-390.
[Diese Kurzgeschichte, die 1901-1902 im Rheinland entstanden ist, gehörte zu mehreren Stücken, die der Dichter 1916 zunächst in seinen Band *Le Poète assassiné* einfügen wollte, sie aber aus redaktionellen Gründen nicht aufnahm. Die Lage der Villa vor dem Drachenfels, die große Umfriedungsmauer, der Park mit seinen Silbertannen und der Ausblick zum Rhein deuten auf die Villa Hölterhoff am Frankenweg in Honnef als Vorlage hin. Ebenso findet sich in der Vicomtesse de Milhau eine gräfliche Bewohnerin der Villa. Das Thema der Zigeuner, das vor allem am Gedicht *Mai* und in der Nähe von Leutesdorf festgemacht ist, hat die Herausgeber veranlasst, die Erzählung in die Sammlung der *Andernacher* Texte Apollinaires aufzunehmen.]

Bateliers sur le Rhin [Schiffer auf dem Rhein]

Schiffer auf dem Rhein
Oh! unser Fluss mit seinen grünen Ufern! wir haben Mädchen nackt baden gesehen. Sie gaben gelacht. Sie waren sieben und gar nicht vom Teufel, denn unsere Kreuzzeichen haben sie nicht vertrieben. – Oh! unser Fluss! Eine Dame steht auf einem Felsen. Sie beugt sich vor und spiegelt sich im Fluss. Sie lächelt, beugt sich noch weiter vor und stürzt hinab. Wir sind zu weit weg, um sie zu retten, Gott nehme ihre Seele auf. Wir haben sie mehrmals an der Oberfläche des Rheins wieder auftauchen gesehen. Schade! sie war so schön auf dem nackten Felsen und wir werden sie immer lieben.

Aus dem ersten Manuskript von *Le Poète assassiné* 1916, Fo. 104; PrI, 1238.

[Diese Passage wurde nach der ersten Durchsicht des Manuskriptes 1916 nachträglich eingefügt, ohne dass ein Zusammenhang zum umgebenden Text bestand, und bei der endgültigen Redaktion wieder gestrichen. Man kann mit Sicherheit annehmen, dass es sich bei diesem Prosafragment um einen Entwurf aus den Jahren 1901-1902 für ein eigenständiges Loreley-Gedicht handelt. Der Herausgeber (K.R.) hat diesen Text nach den schon vorhandenen Satzzeichen und den Endreimen in der Art Apollinaires in ein freies Gedicht transformiert, siehe *Poésie-Gedichte*. Ganz charakteristisch für Apollinaires Verfahren der Mischung verschiedener Texte oder Bezüge in einem Gedicht - der Mischung verschiedener aktueller Wirklichkeiten zu einer neuen lyrischen - vereinigt die Passage Elemente der Sage von der Loreley, der von den Sieben Schwestern von Oberwesel und des Gedichtes *Pfalzgräfin Jutta* von Heinrich Heine, nämlich das Auftauchen der Schwurhände der von Jutta wegen möglichen Eidbruchs prophylaktisch ermordeten und in den Rhein geworfenen Ritter an der Wasseroberfläche. Vgl. auch: Michel Décaudin: *Le Dossier d'*Alcools. Genève/Paris: Droz/Minard, 1960,178.]

L'Amphion faux messie [Der doppelt falsche Messias] [Auszug aus dem 6. Kapitel]

Als ich am Morgen die Zeitung aufschlug, fielen meine Augen auf folgende Nachricht aus Köln:
„Die israelitischen Gemeinden auf der rechten Seite des Rheins, zwischen Ehrenbreitstein und Beuel, sind in großer Unruhe. Der Messias soll sich im Herzen einer von ihnen befinden, in Dollendorf. Er hätte seine Macht durch eine große Anzahl von Wundern bewiesen."

L'Hérésiarque et Cie. L'Amphion faux messie ou histoire et aventures du baron d'Ormesan. Chapitre 6. Le Toucher à distance. Paris: Stock, 1910; PrI, 212.

Les onze mille verges [Die elftausend Ruten] [Auszug aus Kapitel IV.]

Und als man über eine Brücke fuhr, begab sich der Fürst an die Wagentür, um das romantische Panorama des Rheins zu betrachten, der seinen grünen Glanz entfaltete und sich in Mäandern bis zum Horizont erstreckte. Es war 4 Uhr morgens, die Kühe weideten auf den Wiesen, Kinder tanzten schon um die deutschen Linden. Eine Musik von Pfeifen, monoton und sterbensmatt, zeigte die Gegenwart eines preußischen Regimentes an und die Melodie mischte sich traurig mit den Geräuschen, die der fahrende Zug in der Eisenkonstruktion der Brücke hervorrief. Glückliche Dörfer belebten die Ufer, die durch hundertjährige Burgen beherrscht wurden und die rheinischen Weinberge streckten sich mit ihrem regelmäßigen, köstlichen Muster ins Unermessliche.

Les onze mille verges ou les amours d'un hospdar. Paris [1906/1907]; PrIII, 911-912.

[Unerwarteter Einschub in die grausame Szenerie des Romans, evtl. ein Fragment aus einem von Apollinaires unvollendeten Romanen um 1902; hier wird der Blick von der Hohenzollernbrücke in Köln oder der Eisenbahnbrücke bei Koblenz mit einer Betrachtung des Mittelrheins verbunden.]

Le Poète assassiné [Der gemordete Dichter] [Auszug aus dem Kapitel XI. Dramaturgie]

Cécile Vestris sah eines Tags auf der Fahrt nach Mainz, wie ihr Wagen von dem berühmten rheinischen Banditen Schinderhannes angehalten wurde. Sie machte gute Miene zum bösen Spiel und tanzte für Schinderhannes im Saale eines Gasthauses.

Guillaume Apollinaire: *Le Poète assasiné*. Paris: Bibliothèque des curieux, 1916; PrI, 265.
[Dazu gibt es einen interessanten Kommentar von Michel Décaudin in den Anmerkungen: Apollinaire hat diese Anekdote im Buch von Rauchhaupt gefunden, das er 1902 in der Bibliothek von Bonn gelesen hat: *Aktenmäßige Geschichte über das Leben und Treiben des berüchtigten Räuberhauptmannes Johannes Bückler genannt Schinderhannes und seiner Bande, mit einem Anhange: Anekdoten wie sie vom Volksmunde erzählt werden* (1891). Erinnern wir uns daran, dass der Outlaw Schinderhannes für die Rheinländer zum Helden des Widerstandes gegen die französische Besatzung während der Revolutionsperiode und des Kaiserreiches geworden ist. Zu Cécile Vestris ist zu bemerken, dass sie aus der berühmten Familie von Tänzern gleichen Namens am Ende des 18. Jahrhunderts stammt. PrI, 1222.]

La Femme blanche des Hohenzollern [Die weiße Frau von Hohenzollern] [Auszug]

Und ich drehte mich herum, um meine Rechnung zu bezahlen, als ich fast einen Schrei ausgestoßen hätte: der Nachbar der Person, die mich so sehr verwirrt hatte [ein Reisender mit dem Aussehen des deutschen Kaisers in einem Zug zur Front], war ohne jeden Zweifel ein weiterer Deutscher, der Baron von Solemacher. Dieser war in der Normandie sehr bekannt, wohin er manchmal zu Vorträgen über die Landwirtschaft fuhr.
Den Gerüchten nach soll er, zunächst finanziell ruiniert, sein Glück im Spiel gemacht haben. Er besaß ein kleines Schloss am Rhein. Im Gegensatz zu den anderen rheinischen Burgen, die alle auf der Höhe gebaut sind, war das Herrenhaus des Freiherrn von Solemacher in der Mitte einer kleinen Ebene am linken Ufer des Rheins errichtet worden, zwischen Koblenz und Andernach. Der Herr Baron hatte dort eine Anzahl bedeutender Persönlichkeiten empfangen, wie den Prinzen von Wales, den er Albert nannte, bevor er als Kaiser [des Empire] und König den Namen Eduard VII. annahm. Gerade in der schönen Jahreszeit konnte man auf Schloss Namedy ein beständiges Kommen und Gehen der Gäste von Rang beobachten, den König Oskar und die Königin von Schweden, ihre Schwester Carmen Sylva, die Königin von Rumänien, die

Familie der Fürsten zu Wied. Bismarck hatte acht Tage in Namedy zugebracht. Hierhin kamen auch die wohlhabendsten und einflussreichsten Mitglieder des Kölner Patriziats, das so stolz auf seinen Besitz und seine römische Herkunft ist, und das an die kapitolinischen Familien und die großen Häuser im Süden Frankreichs erinnert, die nichts anders als die Nachkommen des gallo-römischen Adels sind. Das Schloss Namedy hatte eigentlich nichts Altes an sich. Es war im 17. Jahrhundert in Ruinen gefallen und seitdem nicht mehr bewohnt worden. Der jetzige Baron Solemacher war nun wieder eingezogen. Das kam ihm wesentlich billiger, als in Berlin am Hofe zu leben. Er verhielt sich so geschickt, dass dank seiner guten Manieren und dem Charme seiner Frau, das Haus in der Tat zum Treffpunkt der feinen Gesellschaft wurde. Man spielte hier auch mit Karten, denn was soll man an den langen Abenden schon machen, wenn man weder Dichter noch verliebt ist, und wenn man oft genug bei der lange dauernden Betrachtung des Flusses und seiner verzauberten Ufer in seiner Einbildung Schlachten geschlagen hat. Mit Glück im Spiel hatte der Baron Solemacher Schritt für Schritt das Schloss Namedy restauriert, so wie es auf den alten Stichen des 16. Jahrhunderts zu sehen war. Von 1902 an, nachdem sein Vermögen wieder saniert war, zeigte er seinen Gästen schon einmal einen Turm, einen Flügel des Schlosses sowie Nebengebäude und sagte: „Diesen Teil habe ich nach einem Spiel mit König Eduard bauen lassen, damals als er noch Prinz von Wales war.“ Oder auch: „Diesen Flügel meines Schlosses verdanke ich einem Spielgewinn und die Schatulle des Königs Oskar von Schweden hat fast die ganzen Kosten davon gezahlt.“ Nun, so sah der Mann aus, den ich neben demjenigen sitzen sah, dessen Ähnlichkeit mit dem Kaiser Wilhelm II. mich in ein solches Erstaunen gesetzt hatte.
Ich erinnerte mich gut seiner so charakteristischen Physiognomie eines Rheinländers, mit braunen Augen, mit dem Gesicht eines Garnisonssoldaten aus den Zeiten der Agrippina und mit dem scharfen Blick der Winzer. Er war seit dem Jahre 1902 gealtert, als man mich mitgenommen hatte, einen Tag im Schloss Namedy zu verbringen. In diesem Moment erhob der, den ich für den Baron von Solemacher hielt, seine Stimme. „Ober, die Rechnung!“ und ich muss schon zugeben, das mich das etwas aus der Fassung brachte, denn er sagte es mit einem solchen Stimme und einem solchen Akzent, den ich nicht erwartet hatte, eine Stimme und ein Akzent, die mir mit großer Stärke und Eindeutigkeit die ganze Gascogne vor Augen führte.

Unvollendeter Roman *La Femme blanche des Hohenzollern*, 1917/1918; PrI, 935-936. [Es ist erstaunlich, dass sich Apollinaire nach mehr als fünfzehn Jahren noch an die Details erinnern konnte. Seine Beschreibung des Johann Arnold Freiherrn von Solemacher-Antweiler stimmt mit der Biographie und dem Zeugnis der Familie völlig überein. Die Beschäftigung mit deutschen Themen zeigt die Aufweichung des zu Kriegsbeginn viel ausgeprägteren Deutschenhasses sowohl bei Apollinaire wie auch bei der Bevölkerung an.]

Zeitungsartikel

Die schlechten Straßen in Deutschland [I]

Die Franzosen beschweren sich immer über ihre Straßenbauverwaltung. Die Zeitungen in Paris und auf dem Land haben gar nicht genug Anwürfe gegen die Ingenieure des Brücken- und Straßenbauwesens. Die Deutschen finden, dass es bei ihnen recht gut geht. Dennoch besitzen die Franzosen hervorragende, saubere und breite Straßen. In Deutschland sind, außer den Straßen, die unter Napoleon gebaut wurden – man erinnere sich: *Wir haben ihn einmal gehabt, euren deutschen Rhein* –, die heutigen sehr eng. Dazu sind alle Wege verdreckt und ziemlich schlecht unterhalten. Denn es sind die Wagen mit ihrer großen Zahl selbst, die gezwungen sind, zur den Unzulänglichkeiten beizutragen; das kommt daher, dass an den Seiten der Straße, wo die Autos nicht fahren sollen, alle zwanzig Meter drei gekalkte Begrenzungssteine gesetzt sind. Meistens aber sind die Steine einmal zur Rechten, einmal zur Linken positioniert, so dass die Wagen sich im Zickzack bewegen müssen, und dabei die neu gemachte Straße zerfahren. Man kann sich die Unfälle vorstellen, die nachts passieren können, wenn man die Begrenzungssteine nicht bemerkt, zudem ihre Farbe auch oft vom Regen abgewaschen worden ist.
Wir können unseren Wagenlenker-Kollegen, die ihre Autos in dieser Gegend fahren, nur empfehlen, sich mit guten Scheinwerfern zu versehen und auf die Karren zu achten. Denn die Autos werden als erste für einen Unfall schuldig gemacht und die deutschen Fuhrleute verhalten sich im Vergleich zu ihren französischen Pendants, wie der Tiger zur Hauskatze.

Tabarin, 26. Oktober 1901; PrIII, 317.

Puerilia verba [Kindliche Worte]

Mademoiselle Gabrielle ist ein hübsches kleines Mädchen von neun Jahren. Sie und die Infantin Marguerite von Velasquez, im Louvre, sehen sich ähnlich wie zwei Wassertropfen.
In der Normandie geboren, liebt Mlle Gabrielle Paris nicht sehr. Wenn Sie sie aber nach dem Unterschied zwischen Mittag und Mitternacht fragen, würde sie Ihnen antworten: „Mittag ist die Stunde, wo man isst, und Mitternacht, wo man aus dem Theater kommt."
Sie hat noch ein paar andere schlagfertige Antworten. Nennt sie nicht den Lichtkasten des Autos ihrer Mutter: Herzchen? Und in der Tat hat dieser Kasten die Form eines Herzens.
Was aber die kleine Vicomtesse ganz niedlich macht, sind ihre literarischen Kompositionen. Sie stechen keinesfalls durch Rechtschreibung oder Satzlehre hervor, sondern vielmehr durch liebenswerten Einfallsreichtum. Sie reist zur Zeit mit ihrer

Mutter und Großmutter durch Deutschland. Hier ein Brief, den sie vom Ufer des Rheins geschrieben hat:
„Am Ufer des Rheins gibt es Blumen. Ich bin gerne hier, vor allem da wo die sieben Berge sind. Ich habe schon immer davon geträumt, am Ufer des Rheins zu sein. Ich bin auf den sieben Bergen gewesen, die sehr schön sind, und auf dem Felsen der Loreley. Es ist so schön am Ufer der Rheins. Es gibt viele Fische im Fluss. Man sieht auch Rehe, wenn man auf den Wegen geht. Man kann manchmal sogar mehrere zusammen sehen. Es gibt auch liebe Eichhörnchen, die rot wie die Sonne sind. Man sieht viele große Hasen, die wie schmutzige Hunde aussehen, und Frösche mit dummen Gesichtern. Man findet auch sehr gute Pilze, die wir essen, und die Hasen auch.

„Gabrielle"

Tabarin, 23. November 1901; PrIII, 320.

Die schlechten Straßen in Deutschland [II]

In meinem ersten Beitrag habe ich von gekalkten Steinen erzählt, die die neugemachten Straßen in Deutschland versperren. Hierzu muss ich ergänzen, dass sie bei Einbruch der Nacht weggenommen werden müssen. Wie viel Mal ist es aber passiert, dass sie um Mitternacht noch herum lagen.
Ein Hoch auf Frankreich für seine guten Straßen, die besten der Welt!

Tabarin, 23. November 1901; PrIII, 320-312.

Trarbach an der Mosel

Eine Stadt mit zweitausendfünfhundert Einwohnern und dennoch vom Handelsvolumen auf dem dreiundsiebzigsten Platz in Deutschland. Ihr jährlicher Umsatz beläuft sich auf 125 Millionen Francs. Die Industrie von Trarbach, das sind natürlich die Weine der Mosel. Und was für Weine! Wenn man hierhin kommt, sollte man nicht vergessen, bei Herrn Adolph einzukehren und einen *Trarbacher Schlossberg* zu probieren. Die Lage von Trarbach ist einmalig. Die kleine Stadt liegt an der Mosel am Fuß von bewaldeten Felsenwänden und steilen, der Sonne zugewandten Weinbergen. Sie wird von der graziösen Ruine der Grevinsburg beherrscht. Vor uns fließt die Mosel in einer grünen Schlinge um den *Montroyal*, auf dem sich noch die Ruinen der Befestigungen von Vauban erheben.
Goethe hat Ferientage in Trarbach verbracht. Aber das Beste dieser kleinen Stadt sind seine berühmten Weißweine.
Die Rheinweine sind dabei, an Qualität nachzulassen; die Bewohner der Mosel haben aber durch ihre Arbeit dem Wein seine alte Berühmtheit bewahrt.
Und in Trarbach gibt es die besten davon und nichts ist beeindruckender als die Keller, in denen dreitausend Fuder lagern.
Ich glaube, es gibt im Monat Mai keinen schöneren Erholungsaufenthalt, als zum Hotel Adolph zu fahren, wenn die Veilchen und der Wein blühen, und hier den süßen

Maiwein zu trinken, in den man ein aromatisches Kraut taucht, das *Waldmeister* heißt. Übrigens gibt es in Trarbach auch eine hervorragende Mineralwasserquelle gegen Rheumatismus, Nierenerkrankungen, Frauenleiden, usw.
Man sieht, dass man in Trarbach auch etwas für die Gesundheit tun kann. Bemerkenswerte Behandlungen wurden in Trarbach im Kurheim Wildbad durchgeführt. Leute wie Waldeck-Rousseau, die gerne mit der Angel fischen, können das von den Fenstern des Hotels Adolph aus machen. Man sollte noch hinzufügen, dass die Bäche der Umgebung voll von Forellen sind.

Tabarin, 24. Mai 1902; PrIII, 321-322.

Das Germanische Nationalmuseum in Nürnberg [Auszug]

Ich möchte diese Idee aufgreifen, die mir ausgezeichnet erscheint, nämlich dass ein Mann mit Autorität die Gründung eines ähnlichen Museums für die unzweifelhaft viel wichtigeren Hervorbringungen des lateinischen Geistes in Angriff nimmt. Es ist dabei nicht notwendig, dass man für den Bau eines solchen Museums eine Weltstadt, wie Paris, wählt. So wie die Deutschen Nürnberg bestimmt haben, weil diese Stadt das Urbild und die Idealform ihrer mittelalterlichen Städte ist, könnte man eine Stadt nehmen, die die lateinische Kultur in ihrer Gesamtheit repräsentiert. Ich denke an Nîmes, Rom oder sogar – und warum nicht? - Trier an der Mosel als Standort für dieses Museum, dem Frankreich, Belgien, das Rheinland, Italien, die iberische Halbinsel, Rumänien, Nordafrika und Lateinamerika ihre Exponate beisteuern sollten.

L'Européen, 13. Dezember 1902; PrII, 71.

Fälschungen [Auszug]

Ich habe in Honnef am Ufer des Rheins einen Fälscher bei der Arbeit beobachtet. Das war ein kauziger Greis, der abgeschieden lebte und niemand zur Gesellschaft hatte, als die Fremden, die ihm antike Sammelstücke abkauften. Dieser Mann hatte sich darauf spezialisiert, gefälschte Siegburger Tonkrüge herzustellen. Er war mir Freund geworden und so sah ich ihn eines Tages in seinem Gärtchen, auf den Boden gekniet, mit der feuchten Erde neue Töpferware einreiben, die er einige Monate später an einen protestantischen Pastor verkaufte, einen Sammler rheinischer Altertümer. Dieser Fälscher konnte nur wirklich glücklich sein, wenn ihm eine Nachahmung völlig gelungen war. Dann staunte er sie lächelnd an und sagte: „Ich habe einen Gott geschaffen, einen falschen Gott, einen wirklichen schönen falschen Gott.“ [«J'ai fabrique un dieu, un faux dieu, un vrai joli faux dieu.»] Dann nahm er seine Gitarre und sang, indem er seinen zahnlosen Mund verzog, alte deutsche Lieder, die das Käthchen von Heilbronn oder den Schinderhannes priesen.

La Revue blanche, 1. April 1903; PrII, 77.

Der deutsche Klerikalismus [Auszug]

Der Pfarrer von Cler, ein bedeutender Priester des rheinischen Klerus und intimer Freund des Nachfolgers des Bischofs von Metz, der zuvor die Abtei Maria Laach geleitet hatte, sagte letztes Jahr bei einer Tagung des Gesellenvereins (Katholische Arbeiter-Gesellschaft [Kolpingwerk]) seiner Pfarre: „Unsere lieben Freunde, die Jesuiten, müssen wieder nach Preußen kommen und sie werden bald da sein."

L'Européen, 13. Juni 1903; PrIII, 330.

Leo XIII. und das Deutsche Reich [Auszug]

Der Klerus begab sich in Deutschland an die Arbeit und heute ist es das erstaunlichste katholische Zentrum in der Welt.
Die katholischen Gesellen- und Arbeitervereine, die katholischen Studentenverbindungen, die katholischen Banken wurden über Deutschland geworfen wie ein Netzwerk von Rosenkränzen. [...]
Die wichtigsten religiös ausgerichteten Kooperativen sind die des Raiffeisen-Verbandes.
Man hat vor einiger Zeit in Stadt Neuwied ein Denkmal für Raiffeisen errichtet. [...]
Im Jahr 1902 zählte der Raiffeisen-Verband dreitausendzweihundertachtundzwanzig einzelne Gruppierungen und mehr als dreihunderttausend Mitglieder und ein Aktivvermögen von zweihundert Millionen Mark.

L'Européen, 11. August 1903; PrIII, 337.

Der Bischof von Metz und Johanna von Orleans

Man hat nicht ohne Staunen gelesen, dass der Bischof von Metz in seiner Diözese die kirchliche Verehrung der Johanna von Orleans untersagt hat, die nach der Seligsprechung der lothringischen Heldin erlaubt war; dieser Johanna von Orleans, deren Statue die deutschen Geschosse, die die Kathedralen so vernichtet haben, nichts anhaben konnten und die noch immer stolz auf dem Platz vor der Notre-Dame von Reims steht... Diese fast unglaubliche Nachricht hat mir einen lange zurückliegenden Tag meines Lebens ins Gedächtnis zurückgerufen. Es war im Herbst 1901. Ich reiste in Deutschland und wurde auf ein *Rittergut* (ein Grundeigentum mit dem der Titel eines Ritters verbunden ist) eingeladen, das sich auf der linken Seite des Rheins hinter Remagen im Ahrtal befindet...
Man empfahl mir, die schöne Benediktinerabtei Maria Laach zu besichtigen, die am verwunschenen Ufer des Sees von Maria Laach liegt und der Ort ist, an dem Genoveva von Brabant wild in der Einsamkeit lebte.

Es gibt in Deutschland nur eine kleine Zahl von Benediktinerabteien; die größte ist die von Beuron, die im 19. Jahrhundert versuchte, der katholischen Welt eine neue Ästhetik zu geben. Sie hatte genug damit zu tun, sich vom religiösen Kitsch und dem Historismus der zweiten Hälfte des 19. Jahrhunderts zu befreien, ohne dadurch vermehrt in eine saudeutsch-katholische Ästhetik [une esthétique catholico-boche] zu fallen. Ich zweifle aber nicht daran, dass Leute von Geschmack das saftige Küchenlatein der Carmina Burana den Machwerken der Beuroner Künstler vorziehen. Das Manuskript wird in der Abtei aufbewahrt [Hier irrt Apollinaire; es ist Benediktbeuren.] und wurde vor zwanzig Jahren von der Literarischen Gesellschaft in Stuttgart veröffentlicht.
Die Abtei Maria Laach ist neueren Datums. Sie erfreute sich in der Zeit, von der ich rede, der Gunst des Kaisers, der sie im vorhergehenden Jahr besucht hatte, wie ich glaube. Man hatte mir einen Einführungsbrief an den Abt mitgegeben, der Benzler hieß.
Ich brach früh am Morgen auf und wurde durch den Wald von einem Bauernjungen geführt, der nur rheinischen Dialekt sprach.
Unterwegs überraschte uns der Regen und ich kam völlig durchnässt in Maria Laach an. Dort verstand der Pförtner des Klosters das wenige Deutsch nicht, das ich konnte und dessen ich mich ungeschickt versuchte zu bedienen, und hielt mich hartnäckig für den Bäcker. „Sie sind doch der Bäcker." wiederholte er mehrmals.
Als er dann schließlich meinen Brief gelesen hatte, verstand er und bedeutete mir dann, dass der Abt gerade auf den bischöflichen Stuhl von Metz berufen worden war und mich daher nicht empfangen könne, da er sich auf die Reise in seine neue Diözese vorbereite und sogar in kaum einer Stunde abfahren würde...
...Ich sah ihn dann doch bei seiner Abfahrt und überreichte ihm meinen Brief... Er sagte mir, dass er sich für die moderne Literatur interessiere, auch für die französische, vor allem für die Poesie, und dass er sich glücklich schätze, der geistliche Hirte einer Provinz zu werden, der Frankreich seine erhabenste Frauengestalt verdankt. Er fügte hinzu: „Die am würdigsten von dem großen deutschen Dichter Schiller besungen worden ist".
Er gab mir auch noch eine Medaille des Heiligen Benedikt mit, die ich inzwischen verloren habe... Und der Abt Benzler ging nach Lothringen und wurde dieser Msgr. Benzler, der sich gerade so übel gegen die Jungfrau von Orleans aufführt hat. Diese wacht, allem Beschuss zum Trotz, vor den Ruinen der Kathedrale [von Reims], wo sie zuerst Leid und dann Ehre erfuhr.

Rubrik *La Vie anecdotique* des *Mercure de France*, 1. August 1915; PrIII, 221-223.

Korrespondenz

Postkarte an seine Mutter von Trier, Sonntag, 25 August 1901

Madame de Kostrowitzky, 29 rue de Naples, Paris (8e), France
Trier. Ich schreib euch (mo[rgen]) bald. Viele Küsse. W. de Kostrowitzky

Postkarte mit der Porta Nigra in Trier; Poststempel: *Trier 25. 8.01.*, *Paris 26 VIII 01*; Co, 18.

Postkarte an Émilie Gaillet von Trier, Sonntag, 25. August 1901

Mlle Émilie Gaillet, 26 rue Antoinette, Paris Montmartre, France
Trier, 25. August 1901 Das schicke ich Ihnen von Trier. Das ist die Mosel. Michaux hat uns in Luxemburg verlassen. Ich schreibe bald. W. Kostrowitzky. Ich habe noch keine Zeit gehabt, zurückzufahren

Postkarte: *Ruinen des Kaiserpalastes Trier*; Poststempel: *25. VIII. 1901*; MS.

Postkarte an seine Mutter von Ürzig, Montag, 26. August 1901

[Die Karte ist verloren gegangen, aber durch den Brief von Albert von Kostrowitzky an seinen Bruder vom 4. September 1901 bestätigt.]; Co, 20.

Postkarte an seine Mutter von Koblenz, Mittwoch, 28. August 1901

Madame de Kostrowitzky, 29 rue de Naples, Paris (8^{e}), France
Den 28. August 1901. Ich bin in Koblenz angekommen. Ich habe die ganze Mosel mit ihren Burgen gesehen und nun liegt der Rhein vor mir. Viele Küsse und einen schönen Tag an Alle und an Frau Boule. W. de Kostrowitzky
[Auf der rechten Seite des Bildes] In Luxemburg habe ich in Grevenmacher geschlafen und gestern in Alf. Albert, gib der Mutter einen Kuss von mir. Am Zusammenfluss von Rhein und Mosel steht eine kolossale Statue von Wilhelm I.
[Auf der rechten Seite des Bildes] Für Albert. Mein lieber kleiner Albert, ich gebe dir einen schönen Kuss, Frau von Milhau hat mir nochmals zwanzig Mark gegeben, macht zusammen vierzig. Nochmals viele Küsse für euch alle und auch einen schönen Gruß an Herrn Weil.

Postkarte mit der alten Moselbrücke in Koblenz; Poststempel: *Coblenz 28. 8. 01*; Co, 19.

Brief von Albert de Kostrowitzky an seinen Bruder von Paris, Mittwoch, 4. September 1901 [Auszug]

Herrn Wilhelm de Kostrowitzky, Neu Glück, bei Oberpleis, Deutschland, Kreis Siegen
Wir haben deine Karten erhalten: von Rethel vom 23., von Luxemburg vom 24., von Trier vom 25., von Ürzig vom 26., von Koblenz vom 28. und deine Briefkarte vom 1. September. Gerade kommt auch deine Karte vom Drachenfels von gestern. [...] Diese 20 oder 40 Mark, sind das ein Geschenk oder ein Vorschuss? Erkläre uns das, denn Herr Weil findet, dass du für deine Pension in Deutschland zu viel bezahlst und dass du dich vielleicht besser mit dem Lehrer oder irgendeinem anderen arrangieren kannst. [...] Dein Bruder Albert.

Zwei Blätter mit dem Briefkopf des Grand Hôtel de Paris, Umschlag; Poststempel: *Paris 6 sept 01, Oberpleis 7. 9. 01*; Co, 20.

Brief an die Brüder Leblond in Paris von Neu-Glück, Sonntag, 15. September 1901 [Auszug]

Meine Herrn [...] In Trier besitzt das Museum hauptsächlich römische Altertümer. [...] Der Rhein und die Mosel sind sehr katholisch und die Pfarrer besitzen hier eine große Macht. Die Arbeiter in den Städten sind sehr sozialistisch eingestellt. [...] Die Ufer des Rheins kann man wegen ihrer reichen Villen mit der Mittelmeerküste von Cannes bis Menthon vergleichen. Es gibt auch restaurierte Schlösser. Ich habe das von Namedy besucht, allerdings nicht als Tourist. Es ist von einem Kitsch, der an einen Basar erinnert. Es gibt aber auch viele Ruinen, die immer ein Hotel zur Seite haben.

Eigenhändiger Brief von vier Seiten; in Privatbesitz; Faksimile des Originals über den Antiquar Thierry Bodin, Paris; Teilweise zitiert in: *Catalogue de la librairie Les Argonautes* (1977), n° 1 und *Catalogue de la vente, Hôtel Drouot* (18 mai 1988) n° 4.

Postkarte an Émilie Gaillet von Maria Laach, Sonntag, 6. Oktober 1901

Mlle Émilie Gaillet, 26 rue Antoinette, Paris Montmartre, France
am Ufer des Laacher Sees in der Eifel. Freundschaftliche Grüße an alle. Wilhelm de Kostrowitzky. 6. September 1901.

Postkarte: *Kirche von Nordost Abtei Maria Laach*; Poststempel: *8. X. 1901*; MS.

Postkarte an Linda Molina da Silva von Rhöndorf, Mittwoch, 9. Oktober 1901

(An F[räulein]) Mademoiselle Linda Molina da Silva, 26 rue Demours, Paris (17^e^), France

Hier sieht man zwei Schlösser, die miteinander ziemlich verfeindet sind, die Burg Katz und die Burg Maus. Sie sehen, dass ich heute viel an Sie gedacht habe, Sie aber keineswegs an mich und ich bin ganz der Meinung, dass Sie damit richtig gehandelt haben, denn ich bin nicht wert, dass man an mich denkt. Wilhelm de Kostrowitzky

Postkarte ohne Beschriftung; Poststempel: *Rhöndorf 11. X. 1901, Paris 12 X 1901*; MS.

Brief an seine Mutter und seinen Bruder von Krayer Hof, Samstag, 19. Oktober 1901 [Auszug]

Gutsverwaltung Krayerhof, bei Andernach a. Rh. den 19. Oktober 1901
Meine liebe Mama, mein lieber Albert, [...] Ich bin seit einer Woche ständig auf Reise gewesen. Eines Abends sind wir in Rhöndorf mit einer Panne liegengeblieben und danach sind wir sieben Tage lang mit der Eisenbahn gereist. Zuerst nach Andernach, wo ich schon bei der Hinfahrt vorbeigekommen war, von da aus sind wir im Krayer Hof gewesen, einem Gut der Familie Hölterhoff. Von hier aus bin ich zu Fuß am ganz in der Nähe gelegenen Laacher See gewesen. Alles das befindet sich in der Eifel. Ich habe die Apollinarisquelle nicht weit vom Rhein gesehen und im Gelände des Krayer Hofes (300 Hektar an einem Stück) gibt es drei sehr gute Quellen. Der Laacher See (See von Laach) ist ein hübscher See, genauso schön wie der See von Bourget. Er gehört mit allem umgebenden Land und Wäldern dem Kloster Maria Laach. Das ist ein Konvent von Benediktinern, der größte in Deutschland und wird vom Kaiser besucht und protegiert. Das ist das Solesmes und die Große Karthause Deutschlands zusammen. [Die Kirche] ist sehr alt, mit schönen Wandmalereien und Fresken auf den Säulen. Ein hölzerner Sarkophag stellt irgendeine Prinzessin dar, mit ihren Hunden unter ihren Füßen. Der Tag, an dem ich dort war, ein Sonntag, war der Prior Benzler gerade zum Bischof von Metz ernannt worden. Er verharrte den ganzen Tag im Gebet, so dass ich nicht in das eigentliche Kloster vordringen konnte. Ich habe dann die Mönche und den Prior bei der Vesper gesehen. Ihre Zeremonien sind merkwürdig. Sie haben auch elektrische Beleuchtung in der Kirche. Ich war auch noch im Schloss Namedy beim Baron Solemacher, einem Kammerherrn des Kaisers.

Ernst Wolf konnte diesen Brief bei der Vorbereitung seiner Doktorarbeit Mitte der 30er Jahre bei Apollinaires Witwe Jacqueline einsehen und zitiert ihn auszugsweise in: *Guillaume Apollinaire und das Rheinland.* Diss. Univ. Bonn 1937; Neuauflage, Eberhard Leube (Hrsg.), Frankfurt am Main u.a.: Lang, 1988, 33-34.

Brief an seine Mutter und seinen Bruder von Honnef, Mittwoch, 13. November 1901 [Auszug]

Honnef a/Rh. 13 November 1901
Meine liebe Mama, Mein lieber Albert [...] In diesen Tagen werden wir eine Jagd im Krayer Hof ausrichten; dazu werden sehr viele Herrn kommen. Ich habe die Bekanntschaft des Rektors der kleinen katholischen Kapelle gemacht. Er ist der Leiter der deutschen Pilgerreisen nach Lourdes. Ich habe auch die Bekanntschaft des Herrn von

Fisenne gemacht, des Cousins der Vicomtesse und Amtsrichters in Straßburg. Auch die von Gerber, der alle Gipsreproduktionen antiker Statuen für die deutschen Museen herstellt. Wenn die Familie Milhau mehrere Gäste zum Essen hat, lädt sie mich regelmäßig dazu ein. Sie haben hier einen Schweizer Küchenchef, einen Gärtner, eine Frau für den Hauptteil des Haushaltes und ein englisches Kammermädchen.

Zwei Blätter weißes Papier; Co, 24.

Postkarte an Émilie Gaillet von Königswinter, Donnerstag, 21. November 1901

Mlle Émilie Gaillet, 26 rue Antoinette, Paris Montmartre, France
Könnten Sie so liebenswürdig sein, mir gegen Erstattung 16 Exemplare des *Tabarin* mit meinen Artikel *Puerilia verba* zu schicken? Geht sonst alles gut. Und Esnard? Wir werden bald zurückkommen.

Postkarte: *Petersberg Gruss aus Königswinter*; Poststempel: *21. XI. 1901*; MS.

Postkarte an Linda Molina da Silva von Honnef, Freitag, 22. November 1901

Ich glaube, dass Sie mich vergessen haben. Würden Sie, wenn es Ihnen nicht zu viel Mühe machen sollte, Herrn Molina bitten, mir eine *Kleine Geometrie* zu kaufen und sie mir gegen Erstattung zuzusenden. W. de Kostrowitzky

Postkarte mit Text des Gedichtes *Bonn*: *Wenn nur der Rhein nicht wär, / und der Sonnenschein so strahlend drüber her, / und der goldne Wein! / und die sieben Berge nicht / und der alte Zoll, / und das Schifflein im Angesicht / mit den Segeln so voll! / und die Mägdelein so wundernett / und der Rundgesang! / und der Morgen so schön im Bett / und der Tag so lang! - / ach wie studirten wir sogar fleißig Jus! / Rhein, es liegt an dir, dass man bummeln muß. / Carmen Sylva*; Poststempel: *Honnef, 22. XI. 1901*; MS.

Postkarte André Walckenaer in Paris von [Honnef?] vor dem 28. November 1901

[In einem Brief vom 28. November 1901 bedankt sich André Walckenaer bei Apollinaire für die Verse von Carmen Sylva, wahrscheinlich auf einer Postkarte, wie der vor- und der nachstehenden; Bibliothèque Nationale de France, Paris, Département des manuscrits, Nafr. (Nouvelles acquisitions françaises) - Dank an Pierre Caizergues für den Hinweis.]

Postkarte an seine Mutter von Honnef, Montag, 9. Februar 1902

Madame de Kostrowitzky, 29 rue de Naples, Paris (8e), France

Wir fahren heute nach Berlin und halten uns zwei Tage in Köln auf wegen des Karnevals. Ich schreibe, wenn ich in Berlin angekommen bin. Küsse für dich und Albert und meine besten Grüße an Herrn Weil. Wilhelm de Kostrowitzky

Postkarte mit dem Gedicht *Bonn* von Carmen Sylva [wie in 4.12]: *Wenn nur der Rhein nicht wär* [...] und einigen symbolischen Figuren; Poststempel: *Honnef 9. 2. 02*; Co, 39.

Postkarte an seine Mutter von Wiesbaden, Sonntag, 11. Mai 1902

Madame de Kostrowitzky, 29 rue de Naples, Paris (8^{e})
11. Mai 1902. Ich habe gestern Abend den Kaiser ankommen sehen. Heute gehe ich nach Mainz. Ich küsse euch aus vollem Herzen. Wilhelm [Oberhalb des Bildes:] Das ist der Brunnen mit kochendem Mineralwasser, das nach Bouillon schmeckt.

Postkarte mit einer Ansicht von Wiesbaden: *Kochbrunnen Wiesbaden*; Poststempel: *Wiesbaden 11 5. 02*; Co, 53.

Postkarte an seine Mutter von Mainz, Sonntag, 11. Mai 1902

Madame de Kostrowitzky, 29 rue de Naples, Paris (8e), France
Ich bin zwar in Wiesbaden, aber heute habe ich einen Abstecher nach Mainz gemacht. Liebe Küsse. Wilhelm

Postkarte in blauer Farbe mit dem Mainzer Dom von Norden; Poststempel: *Mainz 11 5. 02., Paris 12-5 02 Étranger*; Co, 53.

Postkarte an seine Mutter von Wiesbaden, Dienstag, 13. Mai 1902

Madame de Kostrowitzky, 29 rue de Naples, Paris (8e)
12. Mai 1902. Wir fahren heute nach Rüdesheim am Rhein mit dem Nationaldenkmal [Niederwald-Denkmal], dann zur Mosel. Ich küsse euch. Wilhelm

Postkarte mit einem Plakat in einem ornamentalen Rahmen: *Festspiele zu Wiesbaden vom* 11ten *bis* 19ten *Mai 1902*; Poststempel: *Wiesbaden 13.5. 02*; Co, 53-54.

Postkarte an seine Mutter von Kreuznach, Dienstag, 13. Mai 1902

Madame de Kostrowitzky, 29 rue de Naples, Paris (8^{e})
Die Nahe ist ein Nebenfluss des Rheins und mündet in Bingen vor dem Mäuseturm und der [Burg] Ehrenfels. Kreuznach ist ein bekanntes Bad im Nahetal. Schreiben Sie mir postlagernd nach Trarbach an der Mosel. Liebe Küsse. Wilhelm [Auf der rechten Seite, senkrecht:] Schreiben Sie bald.

Postkarte mit vier Ansichten: *Gruß von der Nahe*; Poststempel: *Kreuznach 13. 5. 02., Paris 15-5 02 Étranger*; Co, 54.

Brief seiner Mutter an Apollinaire von Paris, Donnerstag, 15. Mai 1902 [Auszug]

Deutschland, Monsieur Wilhelm de Kostrowitzky, poste restante, Trarbach an der Mosel Paris, den 15. Mai 1902. Mein lieber Wilhelm [...] Deine Mutter.

Zwei Blätter mit Umschlag; Poststempel: *Paris 15-5 02 B*[d] *Malesherbes, Trarbach 16 5. 02*; Co, 54-55.

Brief an James Onimus von Honnef, Juli 1902 [Auszug]

Adresse: Herr Wilhelm de Kostrowitzky, Villa Hölterhoff., Honnef am Rhein Deutschland
Mein lieber James [...] Die Vicomtesse gibt mir Urlaub. Sie muss nach Deutschland reisen. Sie kauft sich ein Auto und will damit nach Deutschland fahren. Sie fragt mich, ob ich sie für 200 Francs im Monat dabei begleiten will. Ich nehme an und fahre am 22. August 1901 los. Seitdem habe ich ganz Deutschland gesehen, [...] Ich sehe den Rhein, Bonn, Köln, Hannover, Berlin, Dresden, Prag, Wien, München. In München drei Monate. [...] Vorher habe ich unter dem Namen de Kostrow. mehrere Artikel über Deutschland in *La Grande France* geschrieben. Ich nehme aber wieder meinen Namen Guillaume Apollinaire an und diesmal endgültig. [...] Ich verlasse München, Nürnberg, Stuttgart, Speyer, Heidelberg, Darmstadt, Frankfurt, Wiesbaden, Mainz, Koblenz, Trier, Ems und Rückkehr nach Honnef. [...] Guillaume Apollinaire

Handschriftlicher Brief, 4 Seiten, auf Papier mit dem gedruckten, aber durchgestrichenen Briefkopf: *HOTEL KLEIN / Hotel und Pension ersten Ranges / Angenehmes und* [XXXXXX] *Familienhaus / Bad Honnef (a. Rhein), den; G. Apollinaire. Œuvres complètes.* Michel Décaudin (Hrsg.), Bd. IV, Paris: Balland et Lecat, 1966, 417-416.

Postkarte an seine Mutter von Altenahr, Donnerstag, 14. August 1902

Madame de Kostrowitzky, 23 rue de Naples, Paris
Küsse! Fahr am 25. los. Schreib morgen. 14. August Ahrtal. Wilhelm

Postkarte mit einer Berglandschaft: *Gruß aus Altenahr*; Poststempel: *Altenahr 14. 8. 02*; Co, 59.

Postkarte an seine Mutter von Daun, Freitag, 15. August 1902

Madame de Kostrowitzky, 23 rue de Naples, Paris
Wilhelm de Kostrowitzky. Eifliam nescit qui Dunam ignorat [Die Eifel kennt nicht, wen Daun nicht kennen will.] Küsse und bis bald. Guten Tag aus dem feinen Herzen der Eifel.

Postkarte mit dem Panoramablick von Daun; Poststempel: *Daun 15. 8. 02*; Co, 60.

Postkarte an seinen Bruder in Paris von Marienburg an der Mosel, Samstag, 16. August 1902

Monsieur Albert de Kostrowitzky, 23 rue de Naples, Paris
Die Eifel durchquert, in Manderscheid gegessen, in Wittlich, wieder auf der Strecke, die wir damals genommen hatten, als wir von Paris kamen, in Alf geschlafen, wie beim ersten Mal. Küsse! Wilhelm

Postkarte mit einem Panoramablick auf die Moselschleife: *Gruß von der Marienburg a. d. Mosel, Hotel Restaurant Carl Jos. Bömer*; Poststempel: *Alf 16 8. 02.*; Aufkleber oberhalb der Adresse: *Posthülfsstelle Marienburg*; Co, 60.

Brief an Louise de Coligny-Châtillon (*Lou*) vom 20. Mai 1915 [Auszug]

Ich habe heute zufällig in einer Ausgabe von *Le Temps* (die vom 12. Mai) gelesen, in der sich ein Artikel über die deutschen Katholiken und besonders den Bischof von Metz befand, der anscheinend gerade die kirchliche Verehrung untersagt hat, den die Seligsprechung der bewunderungswürdigen Heldin von Lothringen erlaubt. Deren Reiterstatue auf dem Platz vor der Notre-Dame von Reims die deutschen Geschosse, die schon so viele Kathedralen zerstört haben, nichts anhaben konnten.
Dieser Artikel hat mich an eine lange zurückliegende Episode meines Lebens erinnert. Es war im Herbst 1901. Ich befand mich in einem Wald – wie auch jetzt –, war aber in eine schöne Waldvilla einquartiert, die von einem Park *à l'italienne* umgeben war. Das alles befand sich in einer Lichtung des Waldes an dessen Rand sich morgens die Hirsche tummelten.
Zu dieser Zeit wurde ich in ein *Rittergut* eingeladen (Grundeigentum mit dem der Titel eines Ritters verbunden ist), das sich auf der linken Seite des Rheins befand. Ich wohnte damals auf der rechten Rheinseite, hinter den sagenumwobenen Sieben Bergen, die so romantisch und malerisch sind, die aber durch Puffkaffees entehrt werden. Meine Wohnung war höher und weiter weg gelegen als die hübsche und berühmte Ruine der Abtei Heisterbach, in der Cäsarius von Heisterbach gelebt hat. Diesem Annalenschreiber verdanken wir die Wiedergabe der schönen Geschichte eines jungen Mönchs, der Zweifel an der Ewigkeit geäußert hatte. Eines Tages, während er allein war und Holz sammelte, wurde er durch den Anblick eines graziösen Eichhörnchens gefesselt, das in den Eichen spielte und herum sprang.
Als der Mönch wieder zum Kloster zurück ging, fand er schon kaum den Weg mehr, so sehr waren in wenigen Stunden die Bäume gewachsen, die er auf dem Hinweg noch als kleine Pflänzchen gesehen hatte. Wie groß war aber sein Erstaunen, als er zum Kloster kam und den Pförtner nicht kannte und der ihn auch nicht...
Er wäre gar nicht herein getreten, wenn der Pförtner nicht den Einfall gehabt hätte, den Abt zu rufen. Aber auch den kannte der Mönch nicht und er sagte ihm den Namen seines Abtes. Man prüfte nach und sah, dass dieser Abt das Kloster vor einigen dreihundert Jahren geleitet hatte.
Und der Mönch verstand, dass die Zeit nicht existiert, dass sie eine Einbildung ist oder besser eine Konvention. Wenn er die Zeit, die er dem Eichhörnchen mit Vergnügen zugeschaut hatte, kaum für eine Minute halten konnte, war dieses von Gott ge-

schickt, um ihm, dem Schwachgläubigen, eine Lehre zu geben und einen Vorgeschmack von dem, was die Ewigkeit und die Freuden des Paradieses sein könnten, bei denen die Zeit nicht ins Spiel kommt...
... Ich wohnte also auf dem rechten Ufer des Rheins und wurde eingeladen auf das betreffende Gut, das auf der linken Seite des Rheins hinter Remagen gelegen war, wo sich die dem Heiligen Apollinaris geweihte schöne Kirche befindet, und dessen Quelle, die das Apollinaris-Wasser liefert, ein wenig höher im Tal der Ahr bei Neuenahr liegt.
Die Leute, die mich eingeladen hatten, sprachen sehr gut französisch; und obwohl ich damals als Dichter überhaupt nicht bekannt war, gaben sie mir die Ehre, mich für einen Mann von Talent zu halten... Sie stellten mich sogar einem benachbarten Schlossbesitzer vor, dessen Tochter... aber darüber erzähle ich dir ein anderes Mal.
Kurz, man empfahl mir, die schöne Benediktinerabtei Maria Laach zu besichtigen, die am verwunschenen Ufer des Sees von Maria Laach liegt und der Ort ist, an dem Genoveva von Brabant wild in der Einsamkeit gelebt hat.
Es gibt in Deutschland nur eine kleine Zahl von Benediktinerabteien; die größte ist die sehr alte von Beuron in Bayern. Hier hat man die merkwürdige Handschrift der *Carmina Burana* gefunden, die Liebeslieder enthält, die zu übersetzen ich oft Lust gehabt hätte. Ihr derbes Latein hat mir so gefallen, dass ich noch einige davon auswendig hersagen kann. Sie wurden, so wie sie in der Handschrift standen, von der Literarischen Gesellschaft in Stuttgart herausgegeben.
Die Abtei Maria Laach ist jünger. Sie erfreute sich zu jener Zeit der Gunst des Kaisers, der sie ein Jahr zuvor besucht hatte, wie ich glaube.
Man gab mir einen Einführungsbrief an den Abt mit, der Benzler hieß.
Ich brach an einem Morgen auf und wurde durch den Wald von einem Bauernjungen geführt, der nur rheinischen Dialekt sprach. Unterwegs überraschte uns der Regen und ich kam völlig durchnässt in Maria Laach an. Dort verstand der Pförtner des Klosters das wenige Deutsch nicht, das ich konnte und dessen ich mich versuchte zu bedienen, und hielt mich hartnäckig für den Bäcker. „Sie sind doch der Bäcker.“ wiederholte er mehrmals. Als er dann meinen Brief gelesen hatte, verstand er und bedeutete mir, dass der Abt gerade auf den bischöflichen Stuhl von Metz berufen worden war und dass er mich nicht empfangen könnte, da er sich auf die Reise in seine neue Diözese vorbereite und sogar in kaum einer Stunde abfahren würde.
Ich sah ihn dann bei seiner Abfahrt und überreichte ihm meinen Brief. Er sagte mir, dass er sich für die moderne französische Literatur interessiere, vor allem für die Poesie, und dass er sich glücklich schätze, der geistliche Hirte einer Provinz zu werden, der Frankreich seine größte und poetischste Frauengestalt verdankt. Er fügte hinzu: „Die am würdigsten von dem großen deutschen Dichter Schiller besungen worden ist“. Er gab mir auch noch eine Medaille, die ich inzwischen verloren habe, und die den heiligen Benedikt darstellte, wie ich glaube.
Und der Abt Benzler, blond, blass und mager, ging nach Lothringen und wurde dieser Msgr. Benzler, der sich gerade auf eine so niedrige und befremdende Art gegen die Jungfrau von Orleans aufführt hat. Diese sitzt allem Beschuss zum Trotz vor den Ruinen der Kathedrale [von Reims] auf ihrem Pferd und hält das Banner hoch. Sie, die zuerst Leid erfuhr und dann Ehre und jetzt wieder im Leiden steht...

Siehst du, das sind die Erinnerungen, die in mir der Artikel in *Le Temps* und die Kirchenschändung des Bischofs von Metz hervorgerufen hat[2]...

Lettres à Lou. Michel Décaudin (Hrsg.), Paris: L'Imaginaire Gallimard, 1990, 388-391.

Eintragungen in Notizbücher

Carnet, Bibliothèque Nationale de France, Paris, Manuscrits Nafr. 16286

[Dieses Notizbuch hat Apollinaire schon im August 1901 kurz vor der Abfahrt nach Deutschland benutzt. Es enthält besonders Informationen über die Hinfahrt Ende August und den September 1901, u.a. den Besuch des Wallraf-Richartz-Museums in Köln. Transkription in: *Que vlo-ve?*, n° 26, Oktober 1980, 3-12.]

[Zugverbindungen von Uerzig nach Koblenz] ein Voltmeter [...] Vergaserteil / Sprungfeder / Flügelschrauben für die Reifen / Schmiervorrichtung [Fo.7 verso]

Hotel zur Post / Flink [Fo.16 recto]

Im Jahr MDCCCXIII / Denkmal zur Erinnerung an die Kampagne / gegen die Russen / für das P[r]äfekturat / von Jules Douzen / gesehen und genehmigt durch / uns Kommandant / russischer der Stadt / Coblenz / am 1. Januar 1817 [Fo.16 verso]

[Diese schlecht zu lesende Passage wurde von der Witwe Jacqueline Apollinaire mit Tinte über der ursprünglichen Bleistiftfassung ergänzt, daher wahrscheinlich die Fehler im Vergleich zum Text der Inschrift: AN MDCCCXII / MEMORABLE PAR LA CAMPAGNE CONTRE LES RUSSES. / SOUS LE PREFECTURA DE JULES DOAZAN: / VUE ET APPROUVE PAR NOUS COMMANDANT / RUSSE DE LA VILLE DE COBLENTZ / LE 1ER JANVIER 1814]

Assmannshauser / Honnefer / Johannisberg. / Rhein / Aar / Pis / (Mosel) [Fo.17 recto]

Pareillement la pucelle / eust / enfant / Et la verge d'aaron fust / florissant / Schweich / Clausen Kirche [Fo.17 recto]

viemark à Bonn / Deutscher Haus [Fo.18 verso]
[Einen Viehmarkt gibt es nur in Koblenz.]

Bibliothèque Nationale de France, Paris, Manuscrits, Nafr. 25633

[Dieses Notizbuch ist vor der großen Reise von Februar bis Mai 1902 angelegt worden, evenzuell ab Spätherbst 1901; es gibt noch keine Transkription.]

Carl R. Lehrer / Sinzenich bei Zülpich [Innenseite des vorderen Deckels]
[möglicherweise neue Adresse seines Freundes aus Bennerscheid nach einer Versetzung]

Die Loreley / Zu Bacharach am Rheine [...] Der meine Augen sieht. [Fo.1 recto]
Die Augen sind zwei Flammen [...] Drum kam ich zu Euch her. [Fo.1 verso]

Mein Schatz hat mich betrogen [...] Sei dein berückter Sinn! [Fo. 2 recto]
Du sollst ein Nönnchen werden [...] Bis daß sie oben stand. [Fo.2 verso]
Es binden die drei Ritter [...] Als wären es meiner drei. [Fo.3 recto]
[Das ist der ganze Text von *Die Lure Lay* von Clemens Brentano, sauber zu je fünf Strophen pro Seite abgeschrieben.]

Die Pfalz / Welches stolze Schloss entsteiget / Dort dem blauen Rhein? / Wenn die Fluth dem Ruder weichet, / Scheint belebt zu seyn. / Wie ein Kriegsschiff kommt geflogen / Auf den schnell bewegten Wogen, / Streckt der Thürm' und Thürmchen viele, / Wind und Rhein zum lust'gen Spiele. / Lass die Leiter niederschweben, / Wo das Pförtlein winkt; [...] [Fo.3 verso]
[Dieses Dichtwerk wurde vielleicht von einer Tafel in einem Wirtshaus abgeschrieben.]

Geschichte des Schinderhannes [...] [Fo.30 recto]
[Es folgen Notizen zum Schinderhannes]

Agenda russe. Bibliothèque Nationale de France, Manuscrits, Nafr. 25625

[Die Eintragungen dieses umfangreichen Notizbuches erstrecken sich von 1900 bis 1902. Eine Transkription mit Anmerkungen wird von Étienne-Alain Hubert 2002 veröffentlicht werden.]

Hölterhoff / Krayerhof / b/Andernach / Allemagne [Fo.49 recto]

Tal der Ahr mündet vor Linz / bei Kripp / Bodendorf / Die Landskrone mit Ruine und Kapelle / Neuenahr - Bäderstadt, Hotels, Kirche
Asymmetrische Kirche in Leutesdorf gegenüber / Andernach (Dom) / Aufstieg nach Monrepos bei Neuwied / Rückkehr - Rheinbrohl / Hönningen / am andern Ufer Namedy
(Solemacher) Turm des Königs von England / Burg Rheineck / [Breisig?]
Hinter Hönningen [Fo.91 verso]

der Felsen mit der Ruine Hammerstein / unten das Dorf / Oberhammerstein mit Burg des 11. Jh. von einem Bauern bewohnt [Fo.92 recto]

Dokumente aus zweiter Hand

Brief der Annie Playden in Santa Barbara vom 12. November 1946 an Robert Goffin [Auszug]

From Cologne we all travelled together by train to Hanover, Berlin, Potsdam, Dresden, Munche Prague. Heidelberg, Vienna, and many other places I do not remember, but most of the time we spent at Honnef am Rhine, and Neu-Glück at Andernach am Rhine ? (I think)

Kopie des Originalbriefes bei Helmut von Fisenne, Krayer Hof; französische Übersetzung bei Robert Goffin: *Entrer en poésie*. Paris/Gand: À l'Enseigne du chat qui pêche, 1948, 137.

Maurice Barrès über Apollinaire

Apollinaire était quelqu'un qui venait d'une roulotte. Il possédait le plus bel archet du monde. Un Heine qui fait nâquir des petits.
[Apollinaire war ein Zugelaufener aus einem Zigeunerwagen, der den schönsten Fiedelbogen der Welt besitzt, eine Heine, der Junge geboren hat.]

Anschrift der Autoren

Michel Décaudin	Professeur émérite de la Sorbonne nouvelle, Université Paris III. Président Société pour la Diffusion des Recherches et des Études sur Apollinaire et son temps, Paris 60, rue de Fécamp 75012 Paris
Gerhard Dörr	Romanisches Seminar der Universität Mainz Kehlweg 17 55124 Mainz
Helmut von Fisenne	Krayer Hof 2 56626 Andernach
Detlef Gojowy	Dr., Europabeauftragter des Freien Deutschen Autorenverbandes Auf dem Kreuzbüchel 16 53572 Unkel am Rhein
Albert Pütz	Schriftsteller, Richter a.D. Mühlenwiesen 25 55743 Kirschweiler
Kurt Roessler	Prof. Dr., Universität Münster, Fachbereich 14 Sprecher Rheinischer Freundeskreis Guillaume Apollinaire Hemberger Straße 53332 Bornheim

Bisher erschienene Publikationen der Andernacher Beiträge

Heft 1, 1987:	B.C. Oesterwind u. K. Schäfer. Die spätlatènezeitliche und frühkaiserzeitliche Besiedlung im Andernacher Stadtgebiet
Heft 2, 1988:	Miesenheim I Die Zeit des Homo erectus. Mit Beiträgen von G. Bosinski, Th. v. Kolfschoten u. E. Turner
Heft 3, 1988:	Andernach im Frühmittelalter. Mit Beiträgen von H. Ament, W. Boppert, F. Broemser, D. Ellmers, A. Großkopf, B.C. Oesterwind, K. Schäfer u. V. Zedelius
Heft 4, 1988:	Andernach-Köln 1167-1367. Mit Beiträgen von M. Bemmann, G. Fr. Böhn, D. Flach, C. Gesell, R. Gilles, M. Huiskes, U. Liessem u. B.C. Oesterwind
Heft 5, 1988:	H.M.J. Nieuwdorp u. P. Huvenne. Peter Paul Rubens Grafiken
Heft 6, 1989:	Johann Winter aus Andernach 1505-1574. Mit Beiträgen Von F. Broemser, Th. Heyl u. S. Wurst
Heft 7, 1991:	B.C. Oesterwind u. K. Schäfer. Die frührömischen Gräberfelder Andernach- „Kirchberg"/"Martinsberg" und Koblenz- „Kaiserin-Augusta Ring" / „Moselring."
Heft 8, 1991:	Die deutschen Kriegsgefangenenlager in Andernach und Miesenheim 1945. Mit Beiträgen von F. J. Heyen, E. Keller, G. Ribbeck u. K. Schäfer
Heft 9, 1992:	B.C. Oesterwind u. K. Schäfer, Grabfunde der Urnenfelderkultur im Neuwieder Becken
Heft 10, 1993:	„900 Jahre Abtei Maria Laach". Mit Beiträgen von P.E. v. Severus OSB, P. Basilius Sandner OSB, B.C. Oesterwind, K.Schäfer, U. Liessem
Heft 11, 1994:	Die Andernacher Bäckerjungen. Hintergründe einer Sage. Mit Beiträgen von G. Haffke, Udo Liessem, R. Gilles, M. Huiskes und K. Schäfer
Heft 12, 1996:	Klaus Schäfer, Caesar am Mittelrhein. Mit Beiträgen von G. Bauchhenß, F. Bumb, Th. Heyl, A. Neugebauer und B.C. Oesterwind.
Heft 13, 1998:	Fritz Mangartz, Der antike Steinbruch „Hohe Buche."
Heft 14, 1999:	Steven Leman, Carl Depauw, „Antoon van Dyck"Grafiken
Heft 15, 2000:	H.J. Massing u. E. Thul, "200 Jahre Notariat und Notare in Andernach"
Heft 16, 2001:	Andreas Vogel, Zwischen Kreuz und Schwert – Andernach im 7. Jahrhundert. Mit Beiträgen von Klaus Düwel, Volker Grünewald, Birgit Heide, Rolf Heine, Arthur MacGregor, Klaus Schäfer und Thomas Tschech

Die Hefte 1-4, 8 und 10 sind vergriffen.